幸福的体质

活在人际关系里的72种智慧

青音 著

中信出版集团 | 北京

图书在版编目（CIP）数据

幸福的体质 / 青音著; -- 北京 :中信出版社，
2020.1（2023.3重印）
 ISBN 978-7-5217-0969-8

Ⅰ.①幸… Ⅱ.①青… Ⅲ.①人际关系—通俗读物
Ⅳ.①C912.11-49

中国版本图书馆 CIP 数据核字（2019）第 177306 号

幸福的体质

著　者：青　音
出版发行：中信出版集团股份有限公司
　　　　　（北京市朝阳区东三环北路27号嘉铭中心　邮编　100020）
承 印 者：中国电影出版社印刷厂

开　本：880mm×1230mm　1/32　　印　张：7.75　　字　数：180千字
版　次：2020年1月第1版　　　　　印　次：2023年3月第5次印刷
书　号：ISBN 978-7-5217-0969-8
定　价：48.00元

什么样的人，自带幸福体质？

　　我常常想，要走多远的路，要经历多少人，一个女孩才能真正成长为一个女人呢？

　　开始面对这个问题的那一年我 11 岁，隔壁家的一位非常年轻漂亮的婶婶，突然间失去了最爱她的父亲。

　　我清楚地记得，那天的天很蓝，在洒满阳光的楼梯间里，俏丽的婶婶碰见背着小书包的我，她蹲下来，我以为她会像往常一样递给我糖果，可是那天，她只是摸摸我的小羊角辫，又拍拍我的小书包，最后把视线停留在了我胸前的粉色蝴蝶结上。她眼神热切地看着我，一字一顿地跟我说："乖，真羡慕你，你知道吗？婶婶再也不能做小女孩了，因为我没有爸爸了。"她的声音轻柔而颤抖。

　　从一个女孩成长为一个女人的过程是很疼痛的——

有的女孩是因为一个男人成长为一个女人；

有的女孩是因为一个孩子成长为一个女人；

有的女孩是因为生命中的一个重大改变或者是重大丧失，成长为一个女人；

而我，是因为一档节目成长为一个女人。

"嗨，你好，我是青音，你是哪一位呢？今天过得好吗？"

这句话我说了 16 年。

中央人民广播电台第一套节目面向全国有近 4 亿的听众，我曾经每晚在电波里陪伴大家进行情感心理疏导，这档闻名全国的夜间广播节目，我做了 16 年。

我曾经在 2010 年获得"全国播音主持金话筒"的特别提名奖，2011 年获得"全国播音主持金话筒奖"主持人奖，两次获得这个播音主持界的最高奖项，是听众对我的职业生涯的肯定。

为了做好节目，我跟心理学打了 12 年交道，先后参加了"家庭治疗学派心理治疗师·中国和德国联合培训项目"（中德班三期）和"北京大学精神卫生研究所精神分析师培训项目"，在 CCTV《购时尚》、《心理访谈》、辽宁卫视《复合天使》、旅游卫视《音乐心旅程》等节目中担任心理点评嘉宾和特邀主持人，我在全网有近千万粉丝，我叫他们"音符"。

2015 年我成为著名投资人李开复先生在祖国大陆投资的第一位主持人，那年冬至的晚上，我的一篇公众号文章《再见中央台，再见广播》，刷爆了全国媒体人的朋友圈，从那之后，我投身创业大军，成了一名女性 CEO。

从此，我的骄傲不再了，取而代之的是一眼望不到尽头的焦虑……

曾经有过连续 20 天的时间里，我几乎没有深度睡眠的经历，作为一名心理咨询师我很清楚，超过两个星期以上失眠，就够得上抑郁症的诊断标准了。也曾经有很多次，我在投资人的办公室里被直接说哭，投资人失望地看着焦虑憔悴的我说："你这样像一个女创业者吗？"

怎样才能成为一个像样的女创业者呢?! 没有人给我答案。

"女汉子"这个词很流行，但是创业以后的我没有经历这个阶段，我从"女子"直接跳到了"汉子"，我拍着桌子跟人吵架，带团队不顺利发起脾气来青筋暴突……作为一个女人，这个样子是我想要的吗？

那段时间里，混乱、失眠、焦虑、抑郁、纠结、自我否定、自我怀疑，所有的坏情绪一起涌了上来。

后来有一个家伙一把把我从负能量的泥淖中打捞了出来，这个家伙叫——幸福体质。

幸运的是，我是个自带"幸福体质"的女人，我想这首先得益于我的原生家庭，我有一对非常恩爱而且懂得如何爱我的开明的父母，他们都是下过乡的知青，而且互为知音，我的名字"青音"就是他们相爱的见证。更重要的是，多年来坚持学习心理学和运用心理学，让我把我的"幸福体质"打造得更加坚韧有力。

那如果"幸福体质"先天不足，又后天失调可怎么办？

幸福的体质

比如没有足够好的原生家庭，从小有非常强烈的爱的匮乏感，长大以后又在一次次对他人索取爱的过程中心酸和心碎，那么我们该如何从心开始，重塑自己的"幸福体质"呢？

在这本书里，我会告诉你一些方法。

在开始阅读前，请先将以下三个关键词牢牢记在心里：

幸福体质关键词一：我重要

记得多年前作家毕淑敏有一篇散文叫《我很重要》，当年我在节目里读给听众的时候读得心潮澎湃，鼻尖冒汗。但事实上女孩子们从小到大，大部分人都是生长在"我不重要"的语言环境里——

有很多的妈妈说："你是女孩，早晚是要嫁人的，读什么名校，你没你哥哥（你弟弟）重要。"

有很多的爸爸说："你跟你妈一样，头发长见识短！"

还有很多的老师会说："这位女同学，你怎么这么争强好胜呢！"

你是女孩，别那么爱出风头，你不重要。

你是女孩，别那么多想法和主张，你不重要。

你是女孩，受点委屈忍着就得了，你不重要……

我有一个闺密告诉我，她从小就是家里声音最微弱的孩子，声音微弱到什么程度呢？有一次弟弟跟她闹着玩，一把把她推倒在了沙发上，一颗钉子扎进了她的小腿里，可是当时她看爸爸妈妈好像在吵架，于是就一声不敢吭地那么坐着，忍着，等着，直到汩汩的鲜血流了一地。

成年后的她，在恋爱中总是遇到不珍惜她的渣男，后来她患上了抑郁症，也时常伴随惊恐发作。

从"我不重要"到"我很重要"，我们究竟该怎么做呢？

1. 与原生家庭和解

原生家庭现在是一个特别热的概念，但它其实不是心理学当中一个非常完整的理论体系。原生家庭理论跟心理学的结合最早可以追溯到弗洛伊德的时代，弗洛伊德将其归结为：我们成年之后所有的人格缺陷，都跟我们不愉快的童年经历有关。美国心理学家、精神病学家卡伦·霍妮则直接归纳了来自父母的几大"基本罪恶"，包括"冷漠""不守承诺""偏爱""羞辱"等，这将对孩子产生严重的伤害和深刻的影响。

心理学家弗里曼认为，人从家庭的经历中，不可能没有情感未了的需要。也就是说，没有绝对完美的原生家庭，原生家庭的不足，将成为一个人后续人生的索求和追逐。比如，来自没有安全感的家庭的人，往往会想在配偶身上找到安全感。

作为一名心理学工作者，我还是深信虽然原生家庭对人有深刻的影响，但原生家庭只是人生成长的"有限责任公司"，有一段话是我在我的节目里解决原生家庭的案例时会反复强调的："你的原生家庭，就是你的命运，但它也只能影响你的前半生；你后半生的命运，应该是成长，是爱。而心理学对人最大的意义，便是陪你成长，陪你学习爱。"

如果一个成年人不能做到与原生家庭和解，那他其实还未真正长大。

但和解不是和好，和解不是握手言欢，不是说父母曾经那样地伤害了你，你就原谅他吧——你可能真的做不到，也很少有人会做到。

所谓和解其实是承担，你长大了，你不再把你所有的人生不幸福、不快乐、不如意、不成功，所有一切的责任全部丢给父母，丢给原生家庭。你可以从此放下怨恨，重新审视自己的父母，重新用平和的视角去看待他们，明白他们童年时也是没有被好好爱过的孩子，而父母在处理他们之间的矛盾和纠葛的时候，也会幼稚糊涂得像个不懂事的孩子，他们其实也不会爱。当你明白了这一点，其实你就已经迈出了与原生家庭和解的第一步，然后承担起自我成长的责任，把自己从怨怼的情绪里拔出来，并且相信自己有能力让自己活得更好。

2. 与不完美的自己和解

在心理学领域有一个很时髦的词叫作"自我接纳"，有太多的人提过自我接纳，可是你知道怎么做才能真正自我接纳吗？

你可以将"自我接纳"的心理过程分为两步：第一步，接受那些你不能改变的。

比如，我的身高是我不能改变的；

我的智商天赋是我不能改变的；

我的原生家庭是我不能改变的；

过去已经发生的那些糟糕的伤心的事情，是我不能改变的……

那么，我不要再跟它较劲了，我决定放过我自己。

第二步：去改变那些你能改变的。

我的身高是不能改变的，但是我可以穿上高跟鞋，我可以学会穿衣搭配扬长避短，我可以挺胸收腹让自己看起来很有精气神；

我的智商天赋是我不能改变的，但我可以学习情绪管理、学习提升情商、学习自我成长、加强自我修炼；

我的原生家庭是我不能改变的，但是我可以通过学习心理学知识，学会观照和反思自己，学会从心理上重新养育自己，做自己的内在父母，不把原生家庭的羁绊和阴影，带到我的新生家庭里，影响到我的孩子；

过去已经发生的那些令我伤心的事情已经不能改变了，但是我可以从过去的事情中吸取经验教训，亲手去创造未来更加幸福的人生。

所以，请接受那些你不能改变的，去改变那些你能改变的——这才叫真正的自我接纳。

幸福体质关键词二：我值得

你值得拥有——这几乎成了一个被商家用滥的广告语，将大大小小的节日全都变成了购物狂欢节。

"女人嘛，就该对自己好一点。"这话是不是非常耳熟？

可是女性这种"我值得"的心理配得感，仅仅体现在买大牌包包、买贵妇面霜和买名贵衣饰上吗？

当你走到一台车前，会不会多停留几秒钟，等着身后跟你一起的男士帮你拉开车门，然后你优雅地说句"谢谢"？

当你在饭局上，有人为你倒酒，你敢不敢不失礼貌地拒绝说"谢谢，我不喝酒"？

当有人称赞你这件衣服真好看时，你是会大方地回应"谢谢哦，你今天这件也不错"，还是会很局促不安地说"啊……啊……是吗……有吗……淘宝买的……好便宜的"？赞美是人际关系中的玫瑰，可是你收到玫瑰时却仿佛被刺扎了一样慌乱无措，这是为什么呢？

当你的权益受到侵害的时候，你能不能勇敢地用你的语言、气势和态度回击对方"我是好女人，但我不好欺负"？

以上这些，你都是在告诉这世界：我是女人，我值得！

为自己赋能，提升配得感，告诉自己我值得，你也需要做好两件事：

第一件事：修通你的自恋。

自恋不是爱自己，自恋是在心里永远有一个更完美的自己作为想象和参照，于是不停挑剔现实中的自己，心里永远不得自在，所以，自恋恰恰是对自己的不爱！自恋的人时时刻刻在心里有一个小判官，不停评判自己，也不断评判别人，所以，那些对别人挑剔抱怨刻薄的人，其实她最嫌恶的是自己，也因此会对自己有着相当严苛的各种条条框框。因为总觉得自己还不够好，于是潜意识里不认为自己值得被温柔对待，也不会充满温柔地对待他人。即便有时表现为温和顺从，但实质上过度的付出本身就是过度的索取。

修通自恋，你需要让心里的小判官闭嘴，你要爱上自己真实的样子。

第二件事：提升感受力和享受力。

看美景不只是为了发朋友圈，吃美食不只是为了自拍，生活里一切的美好是留给你静心享用而非秀炫晒，少一点要秀给别人看的较劲，多一些朴素宁静沉实的感受放在心里，你要能让自己沉浸在生活里，认真感受一下春天对樱花做了什么……

你要学会享受，享受一盏茶的气韵，享受一只烛的香氛，享受一个春暖的清晨，一个夏凉的暗夜，一个秋日的下午，一个初雪的午后。

拥有感受力和享受力的前提是——有一颗不会被焦虑情绪裹挟的心。

幸福体质关键词三：我可以

你有没有认真想过，这辈子打算赚到多少钱？一百万？一千万？

还是你常常觉得，我是个女人，我不可以有太大的野心？

如果你一直缺少行动和改变的力量，就请把你的财富梦想写下来，挂在卧室的墙上——你觉得自己可以，你才真的可以。

在心理上修通跟金钱的关系，也是女性自我赋能和自我成长的必由之路。

金钱是存在于这世间来回流动的能量，你不努力提升能力去抓住它，它就会流动到别人那里。

赚钱是一条以金钱为坐标的自我成长之旅，相较于男性，女性尤其需要这方面的成长。

——这些都是我在创业之后悟出的道理。

而你要抓住金钱的能量，让它来帮助你完成好好照顾家人的愿望，帮助你在人世间拥有更多选择的自由和人生丰盛的体验，你就需要先不断暗示自己——我可以。

目标感 + 成就感 = 自信

记好上面这个公式，以后别再找人问"我怎么才能自信起来"这种小女孩一般的问题了——行动力强的女人才最好命！

"地球上一切的美丽源于太阳，地球上一切的美好源于人"。

这是俄罗斯诗人普里什文的诗句，我在想，其实可以加一句：

地球上一切的美丽源于太阳，地球上一切的美好源于人，地球上一切的美好源于我们女人。

我重要——我值得——我可以。

衷心祝愿你在阅读这本书的过程中，能获得内心真正的丰盈和自在——请你有节制地爱他人，无条件地爱自己！因为爱比爱情更深厚。

愿你自带幸福体质，活出你想要的人生。

青音

2019 年 10 月

≡ 目 录

第三章　人际关系中的安全感就是确定感和可控感

第四章　所有的人际关系都是互动的结果

第五章　你现在的不如意，和原生家庭有关吗？

第六章　诚实面对自己的能力所及

第一章
警惕人际交往思维里这些坑

看了日本电影《深夜食堂2》后，我内心很是触动。小小的深夜食堂，迎来送往着喧嚣都市里疲于奔波的人们，众生百相尽显，也让我仿佛看到了身边很多女性的影子。

电影主要讲述了三个小故事，而故事的主题大都与女性有关，无论是穿丧服的女人，还是想要和大自己15岁的女友结婚的男人，以及寻找儿子的老太太，这些人物的故事背后无不折射出现代女性的生存困境。

虽说焦虑是整个社会的现状，但身为女性，我们不得不承认：女性特别容易焦虑，尤其是妈妈们。为什么会这样呢？我想，这主要跟女性是情绪导向而不是目的导向、关注细节而不关注整体的思维方式，以及女性的弱势控制思维、受害者情结、自我设限、高度敏感和缺乏边界感有关。

弱势控制：
总想把别人变成自己手中的"提线木偶"

做情感主播 16 年，从事心理咨询工作也将近 10 年，我深深知道，对受情感困惑、负面情绪困扰的人来说，最没用的劝慰就是"这有什么好难过，这有什么好担心的"。他心里的难过和难受虽然用仪器检测不出来，但难受的程度一点也不亚于疾病给身体带来的痛苦。那么这种难受的背后，到底是怎样的心理因素在起作用呢？其实就是一种心理弱势控制。

"弱势控制"是心理学中非常有用的一个概念。用专业术语来解释就是，事物的平衡和平均势能是靠弱势来控制的，如果把人际关系比作一个动态的、变化的系统，那么这个系统所输出的结果并不是由强势的一方决定，而是由系统中最薄弱的环节来决定的，这就是"弱势控制"。如果你把弱势控制学透彻了，那么你将多一双智慧之眼，能洞悉人际关系中的好多玄机。

我举几个生活中非常常见的例子，大家马上就能理解什么是

"弱势控制"了。

比如，你带着一个小朋友一起去徒步，最后能走多远，是由小朋友的体力来决定的，而不是由你的体力。

比如说不断哭闹的宝宝。我们都知道，宝宝哭闹是有信号的，他是在告诉大人们——我冷了，我饿了，我要拉屎了，或者我弄脏了、我不舒服等。可是当宝宝再大一点，他渐渐发现，只要自己一哭，大人们就会来满足自己的需求。于是聪明的宝宝在一岁之后哭就不见得是真的遇到了什么事儿，也许只是为了吸引大人的注意。这就叫弱势控制。

我们经常会看到有的孩子就是不听话，逃学、辍学、上网成瘾，或者孩子总是病恹恹的，不是感冒发烧就是肚子疼，总之就是身体不好。试想一下，如果孩子的学习成绩非常糟糕，有成瘾行为或者是不断生病，家长们会做出什么反应呢？没错，会一起来关心孩子，共同想办法帮助孩子成长。

那孩子这些行为背后的真实心理需求是什么呢？——"爸爸妈妈，我希望你们把注意力放在我身上，一起来关心我、关注我。"说实话，孩子这种不自觉的行为非常让人心酸，他的背后通常都有一对并不相爱或者总是争吵的父母。

再比如说撒娇示弱的女人。我们经常说，懂得撒娇示弱的女人最好命。但是，如果你总是撒娇示弱，而且是带着目的性的，在我看来，这不叫女人味儿，叫心计、叫权术，因为撒娇示弱的背后其实是为了有所得，这也是一种弱势控制。因为我不行，我难受，我伤心，我惨兮兮、楚楚可怜的，因为我对你失望了，所以你就得把注意力放在我身上，整天围着我转，不断地关心我，嘘寒问暖，给我想要的，这样我就达到目的了，对不对？

总有一些人善于利用"我好可怜、我好惨"来向别人争取自己想要的东西。稍不留神，也许你就成了这些人手中的"提线木偶"！

我们都知道，爱自己的本质是让自己变得更好。可是，对于内心病态，或者是正常的情感心理需求得不到满足的人来说，他宠爱自己的方式，是让自己变得更糟，以此来祈求获得更多的关注和爱。

我们每个人都需要爱，需要很多很多的爱，小时候需要别人的爱，长大以后需要自己对自己的爱。爱就像我们生命中的阳光，而我们每个人都是向日葵。因此，没有爱，我们的整个生命都将陷入病态，那就不只是身体上生病了。

这种心理潜意识的背后其实是想要从关系中获得更多的关心、呵护和重视。这说明什么呢？说明你一直很渴望的关注、关心和在意，对方一直没给够！

此时，你要真实地面对自己的内心，重新审视一下自己的人际关系，看看你潜意识里对父母家人或者是伴侣恋人有着怎样的不满。

人格成熟和不够成熟的人，有一个非常简单的判别标准——他对爱的需求，是跟自己要，还是只跟别人要。也就是说，他对爱的渴望，到底是向内求，通过不断地自我成长和能力的提升来满足自己对爱的需求，还是向外求，需要父母、伴侣、恋人甚至是自己的孩子和周围人给予很多很多的爱和关注，一旦所求失败，心灵就如同坠入了深渊呢？

亲爱的，外面没有别人，只有我们自己。你的所见、所闻、所感、所求，其实都是你内在的投射。所以，爱只有向内求，也就是学会好好爱自己，我们才懂得爱与被爱的艺术，如此才是成熟、健全的人格。相反，如果我们只知道向外求，只知道"要要要"，你们不满足我，我就愤怒、我就痛苦、我就失控，这样的人，他的人格和心理是不成熟、不健康的。

真正让你受苦的，是受害者情结

受害者情结是我从事心理工作以来，看到的最伤害关系，也最伤害我们自己的思维模式。遗憾的是，有太多的女性还把"受害者情结"当成一种自我保护，心安理得地躲在"受害者思维模式"后面，不成长，不进步，不去承担自己的人生责任。

受害者情结的定义其实很好理解，比如当我们抱怨别人或者是很多人抱怨原生家庭时的心态——"我如今过得这样不好，都是你害的！"就属于典型的受害者思维模式。在受害者的思维模式里，一切问题都是别人导致的，与自己无关。但，真的是这样吗？答案显而易见。有受害者情结的人会呈现以下心理特点：

一、对他人总是不信任，而且总是愤愤不平，不管别人说什么做什么，总觉得谁都对不起自己。二、总是觉得不公平，觉得自己应该比当下得到的更多。三、无论什么时候都喜欢扮演惨兮兮的受害者角色，不能从一个中立客观的角度看问题。这类人的世界观里根本不存在换位思考这件事。四、常常觉得人生空虚、活得没劲，总觉得别人都过得比自己好，心中有着强烈的攀比之心。五、觉得自己活在世上是多余的，很难找到自我价值感，常常把所有的不如意都归结为外部因素。六、觉得人间没有真爱，人生下来就是要受苦受累的。"我不幸我有理，我不幸都怨你"！拥有这种心态的人，在所有的人际关系中，都会是一副"讨伐者"或者是"讨债者"的心态。

设想一下，如果一位妈妈有受害者心态，她跟孩子的互动会不会充满了负能量？如果一位妻子有受害者心态，她的丈夫是不是整天都处于被问责、被抱怨的状态？如果你的闺密、女同事有受害者心态，浑身长刺的她们总是在向你抱怨、控诉各种不公，你能容忍多久？谁会愿意去靠近一个眉梢眼角都写满了"你就是欠我的"这样的人呢？

在心理学看来，一个人不相信别人，根源其实是不相信自己。父母不相信孩子，根源是不信任自己能创造美好的人生，所以他们总是用"自己的头脑"来操控孩子，期望孩子达到自己的预期；妻子不相信丈夫，根源其实也在于不相信自己，不相信自己对丈夫拥有持久的吸引力，不相信爱会始终美好如初，所以整天陷于对失去的恐惧中。缺爱和不相信爱是拥有受害者情结的人的内心状态。所以，那些常常被失去和失败的焦虑感搞得内心疲惫不堪的人，正是受害者情结最严重的人。

自我设限就是一种习得性无助

　　在生活中，我们常常发现这样的现象：孩子生病了，当爸爸的总是表现得很淡定，而妈妈往往容易表现得六神无主，或者情绪特别急躁和崩溃。男人还是那个一如既往沉稳的男人，而这时候的女人却很难做回优雅的女人。

　　为什么女人总是显得比男人更焦虑？这一切要从女人喜欢自我设限的心理特质说起。

　　记得有一期《朗读者》的嘉宾是陈数。当主持人董卿和陈数推开门，步调一致、淡然从容、面带微笑地向观众款款走来时，这两个都已经四十几岁的女人完完全全惊艳到了我。

　　从她们身上，我们能看到一种无惧时光的笃定的美。不管是41岁的陈数，还是44岁的董卿，时间的流逝非但没让她们面露风霜，反而让她们在成长的过程中，修炼出了一种内外兼修的智慧和优雅、通透与灵动。

陈数说：自己太不安分，从舞蹈演员变成影视演员，要一路不断挑战自己、突破自己；董卿说：走好选择的路，不要总是选好走的路。两句简简单单的话，让我看到了两颗无所畏惧的赤子之心，也感知到了她们不断打破自我设限，活出全新自己的勇气。

什么是自我设限？我们先来了解一个心理学概念——习得性无助。"习得性无助"是美国心理学家塞利格曼1967年在研究动物时提出的，他用狗做了一项经典的实验：把狗关在笼子里，只要蜂音器一响，就给狗做难受的电击。狗无处可躲，只能硬生生地承受电击的痛苦。多次实验后，即使笼门大开，但只要蜂音器一响，狗不但不再想方设法躲避，反而不等电击出现就先倒在地上开始呻吟和颤抖。本来狗完全可以免受电击之苦，它却绝望地等待着痛苦的来临，这就是习得性无助。

人和动物一样，在面临无法改变的客观条件时，会产生一种无助感，久而久之，即使外部环境发生了变化，却仍然难从这种无助感中走出来。因为，他们已经自我设限了！

正如实验中那条绝望的狗一样，如果一个人在成长过程中总是体验挫败感，他就会常常对自身产生怀疑，觉得自己这也不行，那也不行。事实上，他并不是真的不行，只是陷入了"习得性无助"的心理状态中，这种心理就叫作"自我设限"。

什么是自我设限呢？就是在自己的心里默认了一个高度，这个心理高度常常暗示自己：这么多困难，我不可能跨过去的，也无法做到，成功机会几乎是零。想成功那是不可能的！心理高度太低是人无法取得成就的重要原因之一。它是一块巨石、顽石，在人生及事业成长的道路上，阻碍着我们前进的步伐。

在如今这个人人自我精进的时代里，女人的精神世界和活动边界不再仅仅限于家庭、囿于男人和孩子，每个女人都有了更大的圈子。因此，我们的苦恼和焦虑也开始向职场延伸。如何才能在职场上占有一席之地？如何通过工作和事业活出自己的价值？这也是女人生命价值观中非常重要的组成部分。

可是面对职场，很多女性会更加焦虑胆怯——"老实说，如何在职场游刃有余这件事，妈妈可没教我们应当怎么做，因为在她们那个年代，女人还没有像我们这么强。"

如何被领导赏识？如何跟同事相处？如何在职场找到自己的定位？如何适应和学会解决纷繁复杂的职场难题？这些都构成了我们职场生涯中一个又一个焦虑的难题。职场可不是宫斗戏！

其实，职场没那么可怕，也没那么难以攻克！问题到底出在哪里呢？我认为就出在了"自我设限"上。

心理学家曾经做过一个跳蚤实验：把跳蚤放在桌上，一拍桌子，跳蚤迅即跳起，跳起高度均在其身高的 100 倍以上，堪称世界上跳得最高的动物！然后，工作人员在跳蚤头上罩了一个玻璃罩，再让它跳，这一次，跳蚤"碰壁"了。连续多次后，跳蚤改变了起跳高度以适应环境，每次跳跃总保持在罩顶以下的高度。接下来，工作人员逐渐改变玻璃罩的高度，跳蚤都会在碰壁后被动改变自己的高度。最后，当玻璃罩接近桌面时，跳蚤已无法再跳了。这个时候，科学家拿开玻璃罩，再来拍桌子，跳蚤仍然不会跳，变成"爬蚤"了。

这个实验很好地诠释了什么是自我设限。简单地说，自我设限是个体针对可能到来的失败威胁，事先设计障碍的一种防卫行为，也就是你在心里总是响起的"我不行""我做不来"。

这样做的好处是，可以暂时地避免因自身能力不足带来的挫败感，暂时维护自我价值感。可更大的危害是，它让你一生都活在内在恐惧里，让你始终觉得自己是一个不成功也不幸福的失败者，导致自我迷失。

我们为何会自我设限呢？客观上讲是教养者造成的。其中，养者即父母；教者即老师。在你成长的过程中，他们一再地否定你，说你不行，结果让你产生了习得性无助。

那么主观上的原因是什么呢？是你不愿意走出舒适区。

"舒适区"这个概念是由心理学家罗伯特·M. 耶基斯和约翰·D. 道森提出的。舒适区是指活动及行为符合人们的常规模式，能最大限度减少压力和风险的行为空间。在这个区域里，我们会感觉舒服、放松、稳定、能够掌控、很有安全感。因此，一个人若想跨出舒适区，是相当需要意志力的。

比如，在选择工作任务时，我们在心理上更倾向于选择自己熟悉的、能轻易驾驭的工作，而非一个全新的、充满挑战的任务；在接受考核指标时，我们特别善于找各种理由为完不成业绩做铺垫，没有勇气、也不敢跟老板拍胸脯说，"这个业绩目标我肯定能完成"。

据说，有一次马云召集业务层开会，要求实现 150% 的业务增速。一个业务负责人说有难度，并开始陈述理由。马云立刻打断他："对不起，你没听懂我的问题，我问的是怎么增长，不是问你怎么不能增长？"后来，这位习惯于待在舒适区的中层领导果然由于业绩不佳而被调离了管理层。

虽然待在舒适区会让我们脑子变懒，身体感觉很舒适，但不幸的是，我们的职场焦虑感会日益加重，因为大多数时候，我们都会因为内心的声音——"我不行，我做不到，我该怎么办？"而备受折磨。

职场就是打怪升级，习惯了待在舒适区的你又怎么打得赢见惯了风雨、波浪的对手？难怪在每一次比拼中，你都屡屡受挫，先败下阵来！要知道，温室里只会养出娇嫩的花！

我们总习惯于待在熟悉的环境，交熟悉的朋友，做熟悉的事，以为这样就安全、可控了。其实，在不知不觉中，我们的世界会越活越小，因为我们给自己的人生处处设了限。

扎克伯格的爱将桑德伯格女士曾经说过："如果一个女人总是等着别人告诉自己该做什么，我们就很难设想她能成为领导别人的人。"

可现实的情况是，大多数女性在职场上的自我设限不仅来自自己，也来自"别人告诉我们该做什么"，是整个社会文化导致我们女性的自我设限，所以我们要懂得分辨。

自我设限之一：女人没有男人聪明和理性

"女孩就是没有男孩聪明"——这话肯定是从你的小学数学老

师那里听来的，而且这位老师多半是女性。女人的自我设限不仅仅局限于自己，她也会用同样的思维去限制、影响其他女性。

"女人就是太感性、太情绪化"——这话一听就是从某个男领导那里听来的。当他见识了一位女员工因情绪失控而耽误了工作时，他就把这个偏见泛化到其他女性身上，认为所有女人都这样！

更糟糕的是，他们说的话，你都信了，而且牢牢记在了心里。很多时候，你明明发现自己其实比某些男孩聪明，有些男人真是笨到让你无语，但你还是觉得他们是少数，大多数男人都是聪明的。有时候，你其实比你家那位更理性、更冷静、更果断，而他则像个没了主意的孩子，大主意必须得你来拿，可是，你只会觉得大概是自己运气不好，别人家的男人也许更像男人。

你从来没想过，男人中的聪明人和笨瓜，其实和女人中的聪明人和笨瓜的比例差不多啊！男人的思维方式、意志力和自控力如果没有经过有针对性的培养和训练，他一样是个缺乏逻辑、容易冲动、优柔寡断的"巨婴"。

蔡康永曾说："当下社会，对女性的偏见很重。"是啊，这是我们不得不接受的一个事实。整个社会对女性的智力水平、情商水平、逻辑能力、理性思维的偏见，会让你在职场中自我设限，让你认为自己这也不敢，那也不行。一旦你被这些话洗脑，深信不疑时，伤害、偏见也随之产生。

我们无法改变社会的偏见，但是，我们可以做更好的自己，做自由的、强大的、内心坚定的独立女性，享受一切自己力所能及的、最美好的东西。哪怕是面对质疑的声音、根深蒂固的成见，我们都能勇敢地说："我的人生我做主，我爱怎么活就怎么活！"

自我设限之二：女人是不需要承担太多责任的小女人

在感情中，任性、撒娇、耍赖往往成为女人的特权，在热恋期，这会让感情增添情趣，小女人的姿态会让男人更有保护欲。可是当一个女人把她小女人的一面呈现在职场上，那简直就是职场上的灾难。

比如说，老板交代了工作，小女人随手就丢给别人，还一副可怜兮兮的模样——"帮帮我吧，我做不来的"；如果工作遇到需要解决的问题，小女人想也不想就丢给别人——"怎么办？我也不知道怎么办了，你比我能干，你来吧"；工作出了差错，结果小女人还是将责任丢给别人——"这事可不怪我，这我可不能负责"。

不得不说，小女人心态简直就是职场公害。大家都领一样的薪水、面对一样的工作指标和压力，你有什么特权可以被区别对待、对自己该承担的部分不负责任呢？可能有些女孩子会认为自己初入职场便大受欢迎是因为自己的外表，但职场还真不是你长得美就说什么都对的地方，职场较量的是业绩数据，是要靠你的能力、格局和见识来站稳脚跟。

当你整天以一副娇憨姿态来面对你的同事时，你长得再美，大家也不会把你当作可靠的伙伴和战友！你甚至会变成大家惹起但躲得起的一摊蚊子血和一粒剩米饭。所以，别把精力总是放在如何讨男同事和男领导的欢心，让他们给你行方便上面了。职场不吃这一套的！

因此，扎克伯格才建议职场中的人们，"想要赢得每个人的欢心"这种想法会阻碍我们的发展。当你想要让事情有所改变时，你不可能取悦每个人；如果你去取悦每个人，你就无法获得充分的进步。

其实，小女人的人设本身也是一种自我设限，这样的你完全放弃了自我探索和自我成长。成长是破茧成蝶，意味着冒险，伴随着苦痛，这个过程有煎熬、有迷茫、有焦虑。可是，每个困境的背后，其实都隐藏着一份人生的礼物。在职场里拼杀、历练，你果断、刚强、勇敢的另一面才能得到充分的激发。如此生机勃勃的你，你自己难道不欣赏？这样气场全开的你难道不是更值得被人尊敬，更迷人吗？

自我设限之三：女人不应该做有野心的女强人

大部分女孩子都担心自己被看成是女强人，我们也会在潜意识里认为，强势的女人是不被喜欢的，男人害怕、女人嫌恶。斯坦福大学研究领导力和组织行为的教授德博拉·格朗菲尔德（DeborahGruenfeld）指出："我们根深蒂固的文化传统，将男性与领袖特质相关联，将女性与抚育特质相关联，并且让女性处于一个两难的境地。"她说，"我们不仅相信女性充当的是抚育者角色，还相信这是她们首要的角色。当一个女人做了某些事情显示出她最突出的特质不是亲和力，就会给人带来负面印象，让

15

其他人感觉不舒服"。

社会上的偏见也认为，如果一个女人非常能干，她看上去就不够有亲和力；如果一个女人看上去很有亲和力，那她就会被认为不够能干。

所以，大多数女人都学会了压抑自己的野心，以便适应职场的潜规则——女强人，不招人待见嘛。

可事实果真如此吗？职场真相是：如果男人想要做成事业，他们会更愿意跟强势的女人合作，因为只有女人能力够强、够有主见，男人和女人才能在工作中碰撞出更多的灵感和火花来；而女人在职场中的女性偶像，绝对不会是看上去文弱亲和但没什么存在感的女同事，她们一样崇拜那些能力出色、敢于做自己、在职场上自己说了算的英姿飒爽的女人！

所以在职场，"女人不要太有野心"其实是一个谎言，这句话投射出的是，能力不够的男人们内心的恐惧和自信心不足的女人们的担心。

在《奇葩说》一辩成名后，马薇薇跳出辩手的身份，参与联合创立了米果文化。她不断颠覆自我，挑战着一个又一个不同的角色，创造着属于她的独一无二的人生。她曾说，在以知识和内容为主的时代，是女性领导力最好的时代。领导力不分性别，只分性格，经济越是发达，文明越是进步，女性在领导力方面反而越优于男性。

所以，女人们，职场并不怕我们强，只怕我们还不够强！

"铁娘子"撒切尔夫人曾说："如果你想要空谈，问男人；如果你想要成事，问女人。"所以，女人啊女人，我们千万别小瞧了自己。面对职场上的自我设限，我给大家的建议是，牢记密歇根大学校长玛丽·科尔曼给女性的职场建议——"温柔的坚持"（relentlessly pleasant），坚持你的梦想，坚持你的主张，坚持你的判断，坚持你的野心，坚持你的利益，但请别忘了——保持微笑，不急不慌。

高度敏感有好处吗？

"我总是有很强的预感，我第六感很灵的！"说这话的往往是女人。女性天生多愁善感，对爱、对温暖、对美好事物的感知能力总是比一般男人强很多。这也就意味着，她们对痛苦、压力、悲伤、焦虑的感知能力同样很强。

那什么是第六感呢？现代心理学将研究重点放到了意识的深层，并根据意识的活动将其分为意识和潜意识，第六感就属于潜意识。女性在成长过程中，会在潜意识层面累积很多的关于"不好的事"的经验，这些经验会让我们过快地感知到新的压力和目标，从而产生焦虑情绪。

比如，我曾经就听一位女士提起过，她说，只要晚上做梦梦到下雨，第二天，她一定会焦虑不安，总担心会有不好的事情发生。说白了，其实就是我们女人太敏感了。敏感可以极大地丰富我们的内心世界和情感世界，让我们因为压力和挑战以及也许不会发生的坏事提前透支了担心、紧张、沮丧等情绪，于是，生活中，我们常常被迷雾一般的焦虑团团围住。

女人啊女人，我们最大的问题就是，内心戏太丰富了！日本作家渡边淳一在《钝感力》中写道，现代人不要对日常生活太过敏感，必要的钝感力是赢得美好生活的手段和智慧。这个观点，我十分认同！有时候，感受力和觉知力就像一柄双刃剑，它让我们更容易感知他人的情绪，以及周遭环境的变化，但同时，它也很容易成为一件伤害自己的武器。而所谓的"钝感力"，即"迟钝之力"，它能让我们从容面对生活中的挫折伤痛，不过分敏感。

其实，生活中我们遭受的挫折和痛苦，很多时候并不是因为别人的为难，反而是我们自己在为难自己！

拨开焦虑的迷雾，前进的方向才更清晰。愿你我都活得钝感一点、简单一点、豁达一点、乐观一点、从容一点。

好篱笆造就好邻居：你注意边界感了吗？

边界感不强的行为，容易给人带来不适感。民国时期的女作家萧红就没有把握好边界的尺度，让鲁迅先生的夫人颇有微词。

许广平曾在一篇文章里说到，逃难到上海的萧红，心情苦闷时常常到鲁迅先生家做客，一坐就是大半天。当时鲁迅先生正在病中，很需要许广平照顾，但因为萧红的到来，许广平不得不整日陪同，耽误不少照顾鲁迅先生的时间。

其实许广平对萧红几乎每天造访不太待见，但没有当面表露。可迟钝的萧红并没有意识到许广平不欢迎她每天都来，依然故我。

如果当时的萧红稍微敏感一点、边界感强一点，在细枝末节中参透别人的态度，读懂别人的拒绝，她也不至于招人讨厌。

什么是边界感？我认为，于人而言，边界感就是个人的隐私和底线；于事而言，边界感就是自己的事、别人的事和老天的事。

男人天生是边界感极强的动物，他们与生俱来的狩猎本能、对后代是否是自己基因延续的恐惧本能，和农耕时代祖祖辈辈传承下来的对土地疆界的守护本能，让他们从小就非常习惯于去区分"什么是我的，什么不是我的，人不犯我，我不犯人"。

男人来自火星，女人来自金星。女性朋友的边界感往往就没那么强了。这跟她们在成为女人的过程中，女性性别角色的确立从"要跟他人相处、融洽与融入集体"开始有关。

"你是姐姐，所以你得让着弟弟"——仿佛女性承担着家庭融洽的责任；"你是女孩子，所以你要努力被大家喜欢和接受"——仿佛女性的价值感完全来自是否被别人所喜欢；"你是女性，你要听话、要学会分担、学会跟别人合作"——仿佛女性的作用就是融合、融入与连接。

这一切有形的教育和无形的评判，会让女性从小到大一直陷入对人际边界的恐慌里，融入他人才是好女人，而边界意识太强的女人意味着反叛，意味着不招人待见。长此以往，女性就会不由自主地将别人所要承担的责任背负到自己身上来，凭添很多的焦虑情绪。于是，不管是父母的问题、孩子的问题，甚至大到国家大事社会新闻，小到七大姑八大姨或者闺密邻里街坊的事情，都能让自己好一阵闹心、焦虑——女人们往往很难去理清楚：哪些是你的事，哪些是我们的事，哪些才是我的事。

不越界，不逾矩，是对自我的保护，也是对他人的尊重。"认识你自己，凡事勿过度。"当你我都能清楚地认识、定位自己，独立且自由地生活时，我们就能以完整的灵魂相遇。

本章小结

第一，从内生长，打破对自我的僵化定义。我们首先是人，其次才是女人。从心底里以及你的语言习惯中，将"谁让我是个女人呢"这样的句式统统抛弃吧。

第二，我们的感性是用来感受美和爱的，不是用来摧毁自信心的。当你的内心一次又一次地被恐惧、焦虑和压力占满的时候，你要对自己说："别为还没到来的事焦虑，过好每一个当下和今天。"

第三，分清什么是你的事，什么是我们的事，什么才是我的事。不是我的事，管它呢！

第二章
为什么有些事怕什么来什么

在中央人民广播电台做了近20年的情感心理节目，我每天都会接到大量的情感倾诉，其中有相当一部分是失恋多年走不出来的人。观察他们的文字和留言，跟他们沟通聊天，我发现，他们心里都有一种共同的心声——他离开了我，我的人生已经不值得活了；他离开了我，仿佛带走了我的一切。

一位美国的心理专家在一次公开课上提到了关于焦虑的根源问题。他指出，所有焦虑的根源可归结为两点：一是比较低的自我价值感，也就是太不自信；二是无时无刻不在担心的丧失感，太害怕失去。

这种心理带给我们的最严重的伤害，是直接导致关系的变坏和终结，甚至出现"怕什么来什么"的墨菲定律。

害怕一辈子孤独下去

2016 年，电影《美人鱼》上映，其中有一首宣传曲是导演周星驰自己写的，叫作《无敌》，歌词一上来就是"无敌是多么寂寞，无敌是多么空虚"。有人说这是周星驰写给自己的。

电影杀青时拍合影，周星驰喃喃自语："一个人，好安静啊，好孤独的。"

不知从什么时候开始，周星驰变成了孤独寂寞的代名词；也不知从什么时候开始，看周星驰的电影笑得没心没肺的我们，不知不觉就流泪了。星爷的孤独，我们感同身受！

孤独就像是一座城，所有人都栖居其中，因这种共有的情绪而彼此相连。在心理学领域，艾里克森学派认为，在不同的生命阶段要解锁不同的成长任务，从而培养不同的能力。就孤独来说，如果一个人在青年时期没能培养和发展出与孤独和谐相处的能力，那么他在之后漫长的人生里，都会受到孤独的困扰，因为深陷孤独而倍感焦虑。

　　心理学家们常常把抑郁比作心灵感冒，那么孤独就可以算作时不时发作的偏头痛。孤独不是病，疼起来真要命。可悲的是，我们人类很难逃脱孤独的宿命，说不孤独的人只是不自知。

　　孤独是一种什么样的体验呢？是我们痛苦地发现社会关系不如想象中那么温暖、美好，内心极度渴望跟别人、跟外界建立连接，现实状况却不能满足这一心理需要而产生的烦闷不安、自我怜悯的心理状态。

　　在我的微信公众号"青音约"的后台，我曾看到这样一条粉丝留言：

　　"我曾经以为孤独这种事根本就不存在，至少不会像书上写得那么深刻，那时候的我还是个涉世未深的小女孩。上大学以后，当我一旦脱离群体，孤孤单单的，只剩自己一个人的时候，我赫然发现，孤独赤裸裸地站立在我的面前，我无处闪躲，又退无可退，只能直面那孤独。那一刻我才明白，哦，原来孤独这东西已经渗透到我生活的方方面面，而且竟然如此之深。就是在那时候，我意识到自己原来是个孤独的人，朋友虽有，但不在身边，亲人更远，很长时间不见一面，恋人就更别提了，根本没人爱上过我。

　　"有时孤独极了，就跟朋友打个电话，听听对方的声音。即使仅仅是听听声音，心中也会感到很大的安慰。不过更悲哀的是，有时深夜里翻遍通讯录，也找不到一个可以说说话的人，一遍一遍刷着朋友圈，让自己知道原来还有很多人跟我一样，由于太过孤独而舍不得睡去……半夜醒来时，眼前一片漆黑，耳边听不到任何声响，这种感觉令我恐慌焦虑，于是我尝试用各种方法入睡，结果越睡不着越焦虑，越焦虑就越孤独……长期下去，我会不会生病呢？"

我的答案是——会，孤独不仅会让身体生病，更会让你的内心充满焦虑。到底是什么让孤独、焦虑在我们的心里不断蔓延呢？其实是一种"我没人爱"的低价值感在牵扯着我们的心。

自我价值感是指个体看重自己，觉得自己的才能和人格受到社会重视，在团体中享有一定地位和声誉，并有良好的社会评价时所产生的积极情感体验。换句话来说，就是自己觉得自己是重要的、有价值的、有人爱的，是被人需要、尊重和看重的。

我认为，自我价值感是主宰一个人感知幸福和情绪是否稳定的重要因素。一个自我价值高的人，通常是自信的、自尊的、自强的，他自认为很多情境和关系都需要自己，因此他的注意力不会只执着于某一种关系。例如，自我价值感高的人，往往不容易被失恋彻底打败，他会很快修复自己、走出伤痛，因为他认为自己是真的可爱并且值得被爱，对方不懂得欣赏自己，那是对方的问题，"此处不留爷，自有留爷处"。这样的人不仅在关系中拿得起放得下，通常也很难感受到孤独，因为极高的自我价值感会让他对这个世界保持旺盛的好奇心，从而去学习新的技能，或者是建立新的人际关系。

一个内心无比充盈、丰富的人，是最擅长在生活中制造惊喜的人，也是最能捕捉和感知幸福的人，这样的人，又怎么会感到孤独呢？而自我价值感低的人则正相反，他们格外看重自己在关系中是否被肯定、被认可，且容易产生自卑感，自暴自弃。自己对自己的满意度，完全取决于与他人的关系能存续多久。

有研究表明，女性比男性更容易体会到孤独，原因很简单——女性和男性相比往往自我价值感更低，且男性一般是在被一群人孤立时才感受到孤独，女性则会在被剥夺了一段亲密的"一对一"关系时感到非常孤独。所以，自我价值感低的女性，多半从小就将自我价值感依附于关系的存在。一旦关系破裂和失去，她的心也犹如被掏空一般，陷入无穷无尽的孤独、焦虑和苦闷。而当她被一段亲密关系紧紧地包围时，就仿佛进入了温暖的舒适圈中，感觉自己又回到了子宫，内心充满了安全感。她暂时摆脱了孤独，但这却是以放弃她作为独立本体的存在为代价的。更可惜的是，她放弃的是一种能帮助她建设性地战胜孤独的能量，是发展她内在资源、力量和方向感的机会。于是关系一旦失去，她那没发展起来的资源、力量和方向感，就让她跌进了无穷无尽的黑暗里，孤独又害怕，敏感又无助。

自我价值感低的人，往往不那么容易获得幸福，因为他们习惯于把人生寄托在别人身上，却意识不到，所有的人生境遇，其实都是我们自己选择的结果。

刘若英曾在《我敢在你怀里孤独》一书中写过这样一段话：这世界上大部分的人都很害怕孤独，很怕这世界只剩下自己一个人。于是，为了远离孤单的感觉，我们强迫自己与其他人相处，以为群聚可以带来安全感。其实并不是这样，当你发现独处的美好时，就会无法自拔地爱上它。能够品味独处的美好，在我看来，是人生中最好的一件事。

　　这段话写得太精彩了，很高兴分享给大家。同时，我也真心希望，我们都能勇敢正视自我，建立自信，学会自爱，懂得悦纳自我、与自己独自相处，拿回自己人生的主导权，淡定从容、坦然无惧地过好这一生。因为，你我的价值从来就不取决于别人的评价！

热闹是别人的，我什么都没有

在做心理咨询师的时候，我曾接待过一位对自己的婚恋状况极度失望的女性。她说自己的爱情关系总是破裂，和另一半总是不能完成婚姻计划，或者对伴侣总有这样那样的不满。但她又希望能有一个伴侣（无论是现实的还是理想的）来填补她内心的某种欠缺和空虚。如果对方做不到这一点，她就会感到焦虑和愤怒。

孤独和空虚从来都是一对"孪生兄妹"。空虚的人常常不知道自己到底想要什么，对自己的感受没有任何清晰的概念，对自己的欲望和需求也并不明确。因此，他们会陷入这样那样的摇摆不定中，感到空虚、迷茫，内心是无处发泄的痛苦和无力感。

但是，内心空虚的人又能够流利地讨论他们"想要的"东西，比如成功地完成学位课程、找到一份体面的工作、谈一场恋爱、组建理想的家庭——只是，他们内心也明白，自己正在描绘的是别人期望他们做到的，并不是自己内心真正渴望达成的。他们通常也能意识到，追求这些外在的目标对自己没有帮助，只会让问题变得更加复杂，因为对于自己真正想要实现的目标，他们几乎没有任何概念。

所有的热闹都是别人的热闹，并非自己内心的吸引。为了排遣内心无处安放的空虚，大多数人都用忙碌把自己的生活填得满满当当，但是越填满，就越空虚、越孤独、越寂寞，也越焦虑。比如说，那些心里、眼里只有孩子，每天忙忙碌碌只是为了给孩子更好生活的家长，一旦孩子考上大学离开了家，他就会一下陷入孤独和焦虑里，迅速苍老，因为他的一生并没有找到自己真正热爱、真正向往的事情。可以说，他只是活着，却没有真正地生活。

我去日本的时候，曾经拜访过寿司之神小野二郎。我问他："你每天重复做这件事不会感到厌烦吗？"他说："不会，每当我工作的时候，会忘掉一切，感觉很幸福。"

央视一姐董卿也特别懂得如何应对空虚，努力成就更美好的自己。其实，她的主持生涯并非一帆风顺，刚进入东方卫视时，她感觉自己就是打杂的，于是开始给自己定目标，继续读书考了上海戏剧学院的电视编导系，1999 年顺利读完本科毕业。后来又到了东方卫视，她感觉自己很空虚，不愿闲着的董卿报考华东师范大学，并顺利进入中文系古典文学专业攻读硕士研究生。到了央视，虽成为央视一姐，但她还是没闲着，2004 年以美国南加州大学访问学者的身份，赴美进修。回来后的董卿成为《中国诗词大会》《朗读者》等节目的主持人，再一次向世人证明了自己。

所以，真正能让我们摆脱孤独感、空虚感的，不是将别人请进自己的生活里，找一个人甚至是一群人来时时刻刻地陪伴自己，而是先找到真正的自己，学会和孤独中的自己相处，并努力充实自己的生活和灵魂。

但充实并不是把时间和空间塞满，而是把你的热爱塞满——找一个你真正热爱的事物，也许是一个有趣的爱好，或者一门手艺，或者一项工作，然后深深地投入其中，不断挑战自己，并发现其中无穷的乐趣，那么你反而会享受孤独，不会再因为孤独而焦虑了。就像刘若英所说的那样——"当你发现独处的美好时，就会无法自拔地爱上它。"

几乎所有的失去，都是从害怕失去开始

有很多心理课程都把解决焦虑的方法聚焦在情绪管理上，试图用各种技巧去缓解、对抗、超越焦虑，却并没有收获什么实质性的效果。大家知道这是为什么吗？

这是因为我们大多数人对焦虑的理解很狭隘，并过度负向滥用了它。有美国"存在心理学之父"之称的罗洛·梅，他这一生都在研究焦虑的意义，最后，他得出了一个颠覆性的结论："焦虑远不只是一种情绪，它根本上是一种你想实现自己生命意义的迫切感。其意义在于提醒你：你知道，你的生命不止于此。"

他认为人存于世表现为三种存在方式，或存在于周围世界之中，或存在于人际世界之中，或存在于自我世界之中。人可以同时处于这三种方式的关系中，例如，人在进晚餐时（周围世界），与他人在一起（人际世界），并且感到身心愉悦（自我世界）。

而对于自我价值感非常低的人来说，他的"周围世界"几乎被"人际世界"所填满，而他"自我世界"的感受则完全取决于他在人际世界中的感受——到底是被接纳，还是被排斥？

我们拿吃晚餐来举例。对自我价值感非常低的人来说，在她的眼里，晚餐味道如何，餐厅氛围如何，她是否享受这里的美食，自己是否开心，也就是周围的世界如何，自己的感受如何，统统不重要。

什么最重要呢？跟谁吃！如果跟她一起吃饭的这个人，让她觉得对方很喜欢自己、接纳自己，那么这顿饭就吃得非常开心。反之，如果对方的感受或者反应很平淡，那么她就会食不知味，心里立刻就充满了悲伤。再精致的晚餐、再美好的氛围、再诱人的食物，对她来说也已经黯然失色，提不起丝毫兴致。

在恋爱的过程中，当男朋友问："咱们今天晚上吃什么？"很多女孩会说："随便。"去哪儿吃、吃什么，她都无所谓。因为她心里只有对方，她考虑的也只有对方的感受。所以，一旦关系破裂，她感受到的不是失去了关系，而是失去了"我"，她会有一种窒息的、如同溺水般的"濒死感"。所以，有些失恋的人会痛苦地说："他的离去，带走了我的整个生命！"

自我价值感低的人，往往在关系建立之初，甚至在关系建立之前，就已经开始为害怕失去而焦虑不安了。也许有些女孩会说，就是因为太在乎，所以才害怕失去。可是在我看来，几乎所有的失去，都是从害怕失去开始的。

亲爱的姑娘们，人际世界是不可控的，我们不能左右别人的想法，别人到底爱不爱我们、能爱我们多久，这些并不受我们的控制。别人如何对待我们，也都是我们自己教的。当男朋友询问你的需求时，如果你总是回答"随便"，慢慢地，他的心里也就没有你的位置了。因为你心里都没有自己的存在呀！

我们每个人都在无意识中教会了别人如何对待自己，有的人教会别人尊重自己，有的人教会别人好好爱自己，有的人则教会别人如何伤害自己。聪明如你，当然知道该怎么选择！

不再拥有这段关系，就是人生的失败？

英国著名心理学家温尼科特是研究母婴关系和情感关系发展的世界知名心理学家。谈到人的攻击性时，他曾提到这样的观点：当婴儿还处于抱持期，也就是在六个月前，他跟他的母亲是完全融合在一起的，在宝宝的感受中，妈妈等于宝宝，宝宝也等于妈妈。而那个时候的妈妈也几乎完全失去了自己的时间。可是在婴儿成长到六个月大之后，母亲开始外出工作，或者不再将百分之百的时间都用来守护宝宝，这时候，宝宝会在潜意识里产生一种没能再赢得母亲百分之百的关注的挫败感，他会将一切破坏了他跟母亲之间紧密连接状态的因素，统统视为抢夺者甚至敌人。

生活中最常见的例子就是生二胎。如果生二胎之前，家长没有给第一个孩子做好心理建设的话，这个孩子往往会对二胎的孩子心怀愤怒和仇视。因为他觉得弟弟或妹妹会瓜分他的资源，争夺爸妈原本独属于他的注意力和爱，所以他会感觉到愤怒。

因此，那些在幼年时期没能学会坦然接受亲密且重要的人际

幸福的体质

关系发生改变的人，在日后的生活和工作中，他们对关系的变化格外地敏感、焦虑，对别人态度上的细微变化很容易就反应过度，甚至表现得神经质。因为在他看来，对方没有及时回应他，就意味着面临即将失去这段关系的危险。而不再拥有这段关系，就意味着自己是输掉关系的那个人，这会让他格外地不能忍受。所以，生活中才会有那么多"夺命连环 call"，这对男人来说也许是不堪重负，而对广大女性来说，她内心"波澜"其实是：他为什么不回我信息？他怎么不接我电话呢？他到底出了什么事儿？还是跟其他女人在一起，不想让我知道？她越打电话，对方越是拒接电话，结果就是，她越打越烦躁，越打越焦虑，越打越愤怒。

不得不说，这种对关系格外敏感的女性，其实会给对方带来非常大的压力，后果当然是彼此不再亲密，关系越变越糟糕。她所有的努力都在做着自以为对的事情，以为抓住了关系，就赢了，其实她做的所有努力，对关系的维持反而是巨大的伤害。

心理学有一个恒久的真理：接纳是变好的开始。失去是我们每个人都恐惧的心结，而人生的真相是，我们这一生其实就是不断失去、不断告别的一生：孩提时，我们会跟小伙伴告别；上学时，我们会经历毕业，跟同学和老师告别；工作以后，我们可能会跳槽换工作，跟职场伙伴不断告别；我们甚至还会经历失恋、离婚；人生往前继续，我们会逐渐失去青春、失去健康，在这个过程中，我们也会相继失去至亲至爱，之后，是我们自己跟这个世界告别……

也许，生命的最终本质就是不断地失去、不断地告别，然后不断地放下。假如能够早一些认清生命的残酷真相，我们也就能对生活中的任何一种失去多一份泰然了。

本章小结：

第一，真正能让我们摆脱孤独感、空虚感的，不是将别人请进自己的生活里，找一个人甚至是一群人来时时刻刻地陪伴自己，而是先找到真实的自己，学会和孤独中的自己相处。

第二，人际世界是不可控的，我们不能左右别人的想法，别人到底爱不爱我们、能爱我们多久，这些并不因我们的主观意志而改变。我们往往习惯于从外在去寻找自我价值感，可是真正的价值感其实根源于我们的内心。

第三，我们这一生，就是不断失去、不断告别的一生。

第三章
人际关系中的安全感就是确定感和可控感

　　张智霖和袁咏仪是娱乐圈出了名的恩爱模范夫妻。我曾看过张智霖的一个访谈。主持人问他为什么那么宠老婆袁咏仪？他说，给她的安全感不是买包而是宠爱。

　　不得不说，张智霖真是太懂女人心了！安全感确实是大多数女性一生都在追求的东西。那安全感到底是什么呢？为什么相比男人，女人更容易缺少安全感呢？

　　从心理学角度分析，安全感就是渴望稳定、安全的心理需求，属于个人内在精神需求，是内心平和、放松、稳定的一种状态，对自己存在的世界充满了信任，主要表现为确定感和可控感。

大多数女人要的爱，其实是被爱？

作为一个心理学的重要概念，安全感最早见于弗洛伊德精神分析的理论研究。弗洛伊德假定：当个体所受到的刺激超过了本身控制和释放能量的界限时，个体就会产生一种创伤感、危险感，伴随着这种创伤感、危险感出现的体验就是不安全感的焦虑。

缺乏安全感会有哪些表现呢？具体表现为特别渴望结婚、内心渴望有个人来保护自己、不容易相信别人、对所有的变化都特别恐惧。

作家张爱玲身上就有比较明显的不安全感。这跟她压抑的家庭氛围、破裂的父母婚姻、暴力的父女关系、尴尬的母女关系等因素都有密切的关系。

社会文化精神分析的代表霍尼（Karen Horney）提出了"基本焦虑"的概念，认为儿童在早期有两种基本的需要——安全的需要和满足的需要，而这两种需要的满足完全依赖于父母。当父母不但不能满足孩子的这两种需求，反而行为冷漠或乖僻，态度轻蔑，不尊重孩子个人的需求，对孩子缺乏真诚地指导，没能给孩子足够的安全感和百分之百的信赖，导致家庭氛围紧张时，孩子就会对父母产生一种基本敌意。但由于那个时候的他渺小又无助，不得不依附于父母来成长，因而他只能选择压抑对父母的敌意。而长久压抑的结果就是——把敌意投向整个社会，他们认为，世间的一切事物对他们来说都充满了危险，这就导致了不安全感的产生并发展成了基本焦虑。

拿张爱玲来说，我们在她大部分重要的作品中都能捕捉到一种"不安全感"的情绪。她虽然生在贵族之家，却拥有不幸的童年和青少年时期。其母黄素琼是心比天高的独立女性，很早就丢下孩子去寻找自己心中的自由了。所以，张爱玲幼年时期就基本没有感受过母爱的温暖。至于父爱，那也是千疮百孔，连带着不堪的回忆。父亲不尊重、打骂、羞辱、鄙视等负面的教养方式成了张爱玲一辈子的心理阴影。本应从父母那里获得的归属感和安全感基本缺失，所以"不安全感"成了张爱玲终身挥之不去的心理情结，她甚至感叹说："大多数女人要的爱，其实是被爱。"

人本主义心理学家马斯洛指出，心理的安全感是人类的基本需要之一，它是生理需求得到满足之后人类最最基本的心理需要。

对照我们的日常生活，我们能得出这样的结论：对女性来说，安全感主要体现在两个方面，一方面是物质带来的安全感，比如说有钱有房，有稳定的、熟悉的生活环境，养老、生病甚至包括孩子的教育都有保障等等，这是物质带来的安全感。另一方面是情感上获得的安全感，比如说家是温暖的，男人是可靠的，孩子始终陪伴在侧，朋友们在你需要时都在。

有时候你看似在为关系努力，
其实是在破坏甚至毁灭关系

对成年女人来说，要想同时得到这两种安全感并从中获得满足，最快、最直接的方式，就是结婚。结了婚，可以迅速得到物质和情感的双重满足，仿佛一纸婚书，就能把物质和情感牢牢锁进保险柜。

因此，缺乏安全感的女性会格外地渴望结婚，甚至恋不恋爱都不重要，有人娶我就行。而结了婚之后，最不善于经营或懒于经营婚姻的女人，往往也是那些当初最迫不及待想要结婚的女人——这仿佛是一个悖论，但真相确实如此。因为她们获得安全感的方式一直都不是依靠自己，而是依靠外界，因此，她们常常把婚姻看作一个有形的、稳固的笼子，仿佛只要待在里面就可以获得长长久久的安全。

这也就不难理解，为什么有些女性一旦结婚，她的世界里就只剩下了老公和孩子，她在婚姻里没有自我，也根本不想着去成长，所谓事业可以不要，脑子可以不转，把家务事做好、照顾好孩子、坐等老公回家不离开自己，就行！

　　表面上，这是她们过于在意婚姻、过于在意家庭的表现。但在我看来，这是她们太缺乏安全感而过度依赖婚姻的表现。因为依赖并不是在意，过分依赖其实是不在意！你的过度依赖、过度在意恰恰是你不那么在乎婚姻，不顾及丈夫和孩子内心真正感受和需求，也不肯跟婚姻一起成长的表现。长此以往，你看似是在为关系努力付出，其实是在破坏甚至毁灭关系。

你之所以这么独立，
也许是缺乏安全感

有意思的是，当女性严重缺乏安全感时，会走向两个极端，除了前面说的过分依赖男人和婚姻外，还有一种女人会表现得过分"有骨气"，从不依赖男人，甚至谁都不敢依赖，过分强调独立自主，她们从来不花男人一分钱，也从不向男人伸手要礼物，甚至吃饭也是抢着买单……其实，这也是内心缺乏安全感的一种表现。

对于这类朋友，我想说的是，独立值得欣赏，但是，过分独立会让自己活成一座孤岛，别人进不来，你也出不去！

我曾经为一位职场女强人做心理咨询，多年来她一直不敢进入亲密关系。对此，她的解释是没有遇到合适的，没有人能"罩"得住她。可是跟她深谈之后，我发现，其实她没那么相信男人。正因为如此，她以女汉子自居，把自己所有的激情完全投入到工作当中，工作非常出色，可是人际关系真是乏善可陈。

　　她说自己坚强又独立，但我看得出来，她其实内心非常脆弱，也许一件很小的事情就能导致她情绪崩溃，只不过，她的崩溃别人无从窥视罢了。

　　美国著名心理学家弗洛姆认为，现代社会给人们以极大的自由，但同时也使得现代人与社会、与他人的联系日益减弱，个人的责任日益增大。人们日益缺乏归属感，孤独和不安全感经常来袭。为了满足内心的归属感和安全感，很多人会把自己彻底封闭。这就是为什么现在出现了越来越多的宅男宅女，越来越多的人不愿意走进关系。归根结底，其实是因为他们严重缺乏安全感，对周围环境和他人不够信任，因此不敢付出感情，特别害怕被辜负或者被欺骗。有些女人把自己活成了一只浑身长刺的刺猬，外表坚强、刚硬又独立，有痛苦从不流露、有难处从来不讲、有需要从来不提，其实内在柔软、脆弱如小孩。不管她们是寄情于不断地自我精进，还是像个大姐姐一样把周围的人都照顾得很好，却唯独忽略了她自己，这背后其实都是"不相信"的情感在作祟——我不相信别人对我能像我对别人这么好，我不相信别人对我的好是真的，我不相信别人能长长久久毫无保留地对我一直这么好下去。

　　这类女性在面临是否要接受别人的爱的选择时，内心是极度慌张的，他们会不断在心里质疑——他对我的好靠得住吗？其实，潜台词是——我值得他一直对我这么好吗？如果有一天他发现我没那么完美，他会不会离开我呢？如果最终免不了会受伤，是不是不靠近、不开始、不投入这段关系会更好？

可是，你不选择开始，哪有机会欣赏到人生旅途中诸多美好的瞬间呢？更何况，你是世间独一无二的存在，你绝对值得别人好好爱你！所以，别推开别人，也别拒绝亲密，哪怕最后是失去，拥有过美好也胜过你远远地躲着，把自己关在心牢里。要知道，你不是荔枝，把自己晶莹剔透的心永远包裹在冷硬粗糙看似强悍的外壳里，会把心磨得很疼的。

我们几乎一生都在苦苦追寻控制感

我一位朋友是一家知名上市公司的创始人。有一次，我们相约去一家很有艺术气息的商场喝茶聊天，那天刚好是小长假，商场里人挺多，有很多小孩子跑来跑去。

这家商场的中庭咖啡吧是一个开放式空间，冷气开得很足。但那天打从落座开始，我朋友的额头就一直在冒汗，而且坐立不安。我询问他是不是身体哪里不舒服？他说感到憋闷，喘不上气，但他知道不是身体的问题。我问他那是什么问题呢？他说："商场里乱糟糟的，让我感到环境和人都很失控，这很可怕，这种失控感让我心里像是有很多蚂蚁在爬，总觉得像是要出什么事儿。我非常焦虑，也很烦躁，这种一切都不受我控制的感觉，甚至让我觉得快死了……没事，我最近常常这样，可能是创业压力太大了。"

我建议他去医院检查一下。

没过几天，朋友就告诉我，他去医院做了检查，原来是患上了焦虑抑郁症。

当时他对"失控感"的准确描述，让我印象非常深刻：很可怕，像是有很多蚂蚁在心里爬，很烦躁，坐立不安，总感觉要出什么事儿，什么都不受自己控制，很焦虑，甚至有一种快死的感觉……

我反复提到的焦虑，其实都属于慢性焦虑，也叫作"广泛性焦虑"，只是一种焦虑情绪的体验。但是，假如你也像我的这位朋友一样，对"失控"非常恐惧，对"失控感"有着强烈的心理和身体反应的时候，那么我们就可以将这种情况视为"急性焦虑"了。

无论是心理亚健康状态的焦虑情绪体验，还是急性的、突然的焦虑反应，它们都有一个共同的特征——对控制和失控非常敏感。

"控制感"对我们的心理起着怎样的作用呢？我们先来看看这样一些人：

第一类人：他们常常对自己和身边的人有着事无巨细的要求，比如，必须一个月换一次牙刷、牙刷头必须朝一个方向摆放、洗衣机的设置必须漂洗五次、要求自己的孩子或者是亲近的人不能跟某一类人交往……一旦对方没有按照自己制定的规矩行事，他就会变得焦虑、烦躁，甚至愤怒。

第二类人：总是要求别人为他做出改变，比如"你不改变，那就是不爱我"。有时候，甚至会以被动攻击的方式达到目的，比如，如果对方拒绝改变，就会以态度冷漠、说话带刺、消极以对作为回击。

第三类人：常常忍不住去评判和指出别人的错误，总觉得自己有义务帮别人把他意识不到的错误指出来，如果不直言不讳地批评别人，仿佛自己就会被话憋死似的，而且对别人的评价非黑即白，是非极其分明，只做二元价值判断——好坏、对错。当然，这种人常常用"我这人就是心直口快"来标榜自己。其实，心直和口快是两回事，如果你是一个在意别人感受的人，心直未必就会口快。

第四类人：这类人通常表现为"常有理"。在跟别人的讨论、争论中一定要拔得头筹、占据上风，如果别人跟他意见不一致，他会不厌其烦地说服对方，直到对方说"好好好，你说的都是对的"。

第五类人：对成功、价值等自我精进的目标有着近乎变态的执着，极其勤奋、自律，甚至达到了不眠不休的地步。内心感受只和"价值""成功"相联系。跟别人也极少有深度的情感连接，对他人甚至包括亲近的人，要么非常苛刻希望对方也必须是精进勤奋的人，要么无视也无感。身体僵直、紧张不能放松，常常会患有颈椎病等问题。

从心理学角度来看，以上五类人其实是一类人——控制感特别强的人，特别担心生活失控的人，也是最容易焦虑的人。他们的心理和人格特征源于他们内心对控制感的渴望和追求，通过提出要求或设立目标，并让自己和（或）身边亲近的人实现这些要求或目标，来获得一种对生活及周遭环境的控制感。

什么是控制感呢？就是一种一切尽在掌握的感觉。每个人一出生就有"握持反射"，即把某个东西放在孩子的手心里，他会紧紧地握持住。我们以嘴巴吸吮妈妈的乳头，不仅使口唇黏膜获得了快感，同时也获得了一些基本的控制感。再后来，只要我们一哭，妈妈就立刻来喂奶或者换尿布，这时，我们内心的控制感就更加扩大了，甚至觉得自己是全能的，任何事情都在自己的掌握之中，任何事情都能得到解决，这就叫"全能自恋"。

长大后我们才逐渐认清一个事实——有太多的事哭得再大声也解决不了，但是我们几乎一生都在苦苦追寻这种控制感，虽然一再受挫，却还是一再地进行自我激励。

比如，人定胜天，就是人类的控制感膨胀之后的自我安慰，是在进行自我激励的时候，自造的"鸡血"罢了。我们明知道人类不可能战胜天灾人祸，不可能完全掌控和赢过大自然，但是"人定胜天"这碗鸡血，我们要先干为敬，因为我们人类的本能会追寻一切尽在掌握的控制感。

控制感给人带来安全感、确定感和自尊感

我们每个人都需要对自己的生活拥有一定的掌控感。那控制感对我们又有着怎样的心理学意义呢？

首先，它让我们有了确定感，进而有了安全感。

心理学研究发现，人类最大的恐惧之一就是害怕失去控制，而最强的动机之一就是拥有对生活的控制，获得并保持一种控制感。当一个人觉得环境与自身都在掌控之中时，他便会感觉到未来对自己而言是可以预知的，从而能够获得一种安全感。

其次，控制感会让我们获得"我觉得自己行"的高自尊感。

在人类过往的记忆中，我们常常会回味那些曾经取得过的辉煌成就，以此来激励现在的自己，这仿佛意味着，现如今我们也一样能做出成就。因此，对控制感的回溯常常和自尊相联系。

正是由于控制感给人带来安全感、确定感和自尊感，因此，假如一个人在关系中无法给别人提供控制感，那么就会让人在跟他互动的时候常常感到很焦虑，而这个人的做派也会被视为不

靠谱。

比如，约好的事总是变卦；项目进行到哪一步从来不及时同步和分享；或者承诺过的事情常常不"兑现"，说话不算话；或者是行事风格一会儿积极热切，一会儿被动消极……这些都会破坏掉别人的控制感，给人带来"此人不靠谱"的印象。"渣男"就是这样形成的，因为他们无法满足女性的控制感，总是变卦，总是说了不算，女性又总是被他的节奏带着走，因此，这直接影响到了女性的安全感、确定感和自尊感。

在享誉世界的成人童话《小王子》一书中，狐狸对小王子说的那句话就很好地诠释了"控制感"在人际交往中多么重要！狐狸给小王子的约定是："最好还是在原来的那个时间来。"狐狸说道："比如说，你下午四点钟来，那么从三点钟起，我就开始感到幸福。时间越临近，我就越感到幸福。到了四点钟的时候，我就会坐立不安，我就会发现幸福的代价。但是，如果你随便什么时候来，我就不知道在什么时候该准备好我的心情……关系应当有一定的仪式。"

由此，我们能够得出一个很棒的人际交往的黄金法则：如果你想让自己的人缘更好，想让别人信任你，那么你就要做一个能为别人提供控制感的人。比如，说话算话、守时、及时回复信息等等——这样的你一定会给别人留下靠谱、值得信任的印象。

可以肯定的是，控制感的提升，会在很大程度上缓解我们的焦虑情绪。

但是我们都知道，在现实中随心所欲地控制是不可能的，所以我们对控制感的需求是永远也不可能得到最大或永久的满足。一个人过度在意、过度追求控制感，反而容易引发更大的焦虑，那我们该如何面对因为环境和他人的不受控而引发的焦虑呢？

多和"失控"做朋友，
这也是一种自我疗愈

失控感，顾名思义，就是不受控制的感觉。我要告诉大家的是——控制感是一种疗愈，而失控感也能够起到一定的心理疗愈作用。

举个简单的例子。有些人在压力大的时候会选择去坐过山车，那种惊险和刺激会让你体验到一种全然失控的感觉——大脑瞬间一片空白，身体变得异常紧张，身体和思维以及感受完全不受控制。说真的，这种任由速度摆布的感觉非常棒！下来之后，你虽然感觉两腿发软，但是，你的身体和心理是极度放松的。

所以，假如你因为"万一我失去控制，我会……疯掉的！"这样的念头而时常担心、焦虑，那么你不妨多去体会那种"疯掉"的失控感，看看自己"疯掉了"又会怎么样。多和"失控"做朋友，反而是一个很不错的焦虑自救心法，这也几乎可以说是一种心理上的脱敏疗法。

漫漫人生路，若凡事皆可掌控，岂不是少了很多惊喜和乐趣可言？

接下来，我教给大家三个关于失控感的小练习：

方法一：允许出乎意料的事情发生。

在生活中，意料之中是蛮美好的，它让我们觉得一切可控。而出乎意料带来的要么是惊喜，要么是惊吓。面对惊喜，你欣然接受；面对惊吓，你也能迅速冷静下来，平心静气地化解局面。这样的练习做多了，你就会发现，面对总是出乎意料的人生，你没那么焦虑了。不是得到了，就是学到了，每一次出乎意料都成了生命的礼物。

方法二：凡事尽力就好，不追求百分百不出错。

就像我在前面提到过的，承认和面对自己的"有限"和"局限"，做任何一件事情，把注意力放在自己是否尽力而为上，而不是结果到底符不符合自己的预期，是否达到了 100 分。凡事只追求竭尽全力，结果任由其发展。我们要明白的一点是，结果根本不可控，任何事情的发展多多少少都会出现失控。你能控制的只有自己是不是尽力了。如果这样想，你的焦虑感也会削弱很多。

方法三：只追求对大方向的控制感，放弃对小事情的控制。

比如，大方向是要去巴厘岛度假，机票、酒店都预订好了，那么这时候，你的旅游攻略就不必详细到每一天在哪里吃、哪里玩、几点几分必须到哪里、当天必须做哪几件事了。否则，你可能会因为一件很小的事情没有按计划执行而陷入极大的焦虑中。因为一个小插曲而影响了整个旅程的美丽心情，这样也太得不偿失了。

其实，我们的人生也是如此，智者的活法是：人生的大方向定好，目标也会根据现实情况及时进行调整，在每一件小事上力求全情投入、尽心尽力，至于结果，随它去！那么，这样的你就很容易体验到成就感，而且不那么容易焦虑了。

本章小结：

我们每个人都在追逐安全感。这很正常，也可以理解。但很多人追逐着、追逐着，结果却让自己成了安全感的奴隶——害怕改变，保持现状，不敢争取。可是，亲爱的，真正的安全感必须通过内心的强大来获得。

怎么获得？试试这样几个方法：

从相信自己开始。相信自己的前提是自信，而自信并不是别人夸赞出来的，是自己给自己的。怎么给？你必须让自己的生命多经历挑战，并从中获得突破和成长。比如，学一项新的技能、接受一个新的工作机会、主动迎接或制造积极的变化，甚至是独自去旅行、学着独自去面对和处理生活中大大小小的事情。

如果你是发自内心地想改变，那么，别偷懒，更别待在舒适区里。不断自我成长的一个好处是：它会让你遇见更美好的自己。因为当你跳出了舒适区，你将面对更多的危险，那么你身上的生命力、你内心的野性和欲望都会被激发出来。而女人的性感不就是跟生命力、野性、欲望有关吗？

第四章
所有的人际关系都是互动的结果

宋代著名学者苏东坡和佛印和尚是好朋友。一天，苏东坡去拜访佛印，与佛印相对而坐。苏东坡对佛印开玩笑地说："我看见你是一堆狗屎。"佛印则微笑着答："我看你是一尊金佛。"苏东坡觉得自己占了便宜，很是得意。

回家以后，苏东坡得意地向妹妹提起这件事。苏小妹说："哥哥你错了。佛家说'佛心自现'，你看别人是什么，就表示你看自己是什么。"

苏小妹讲的"佛心自现"，用心理学语言来说，就是心理投射效应。

什么是投射呢？投射指个人将自己的思想、态度、愿望、情绪、性格等个性特征，不自觉地反应于外界事物或者他人的一种心理作用。经典精神分析理论认为，投射是个体将自己的过失或不为社会所知的欲念加诸他人（又称为否认投射）的潜意识活动。

可以说，我们每个人都是有投射的，都是以自己的意识来对别人做出判断。假如我们未经心理疗愈，那么我们其实无时无刻不活在过去的创伤里，也就是活在心理投射里而不自知。

越是不安，越想控制

在现实生活中，大多数女性不会承认自己有控制欲，她们往往会在心里合理化自己的行为，给自己的行为增加很多的注脚，例如，我就是比较细心爱操心，我就是柔弱没主见依赖性强，哪里是什么控制欲？！还有人会说，我的另一半就是个甩手掌柜，我不做主谁来做主呢？

真的是这样吗？当我们静下心来，真诚地面对真实的自己，去掉防御的"壳"来谈一谈所谓的控制欲，我们会发现，答案并非如此。只有认识到这些，我们才能获得真正的成长。

首先承认，我就有控制欲，但是在学习了心理学之后，我开始懂得正视自己，逐渐在改变。现在，我的亲密关系和家庭关系都轻松自在多了，我自己也拥有了内心真正的优雅从容。

心理学大师海灵格说："幸福的家庭，都有一个共同点：家里没有控制欲很强的人。"这句话反过来理解就是——不幸的家庭一般都存在着一个控制欲很强的人，因为控制欲会导致很多的心理焦虑。接下来，我给大家剖析一下潜藏在我们心里的控制欲，让我们真实地面对自己。

当一个人对关系严重缺乏安全感时，会做出非常焦虑、不可理喻、让对方压力很大甚至是毁灭关系的行为。严重缺乏安全感的人就好比漂浮在湍急的河水中，他的本能反应一定是想抓住什么得以自救对不对？在人际关系中也是一样，正因为太过缺乏安全感，他才会那么控制你，那么没完没了地跟你作、跟你闹。

我在这里要指出的是，控制欲不单指强势控制，弱势控制其实也是控制欲的一种。比如哭泣、生病、装柔弱、装可怜，甚至是不好好工作，反正你得养我，对我负责！这些都是在实施对对方的控制。

那些控制欲很强的人，他们冷静下来的时候，其实也并不认可自己的行为。假如你有机会跟严重缺乏安全感的人深入交流，他们如果去掉防御、诚实面对自己的内心的话，就会如实告诉你：他们也并不喜欢这样的自己，但是他们控制不了自己的焦虑。而一个人越是无法控制自己，就越想要控制别人！

过度的付出不是爱，是恨，更是索取

心的世界里，有太多的"冤假错案"。而心理学的作用之一，就是帮助我们看清这些"冤假错案"背后真正的逻辑，只有这样，我们才能在错综复杂的情感关系中，梳理出清晰的对策。

在生活中，你一定常常碰到这样天使一般的人，他们总是说："只要你觉得好，我都可以接受。"但是当他们这样表达的时候，你心里的感受是否真的很好呢？"你若安好，便是晴天"，这句话背后的意思是——你就是我的天，我的天是晴是雨完全取决于你好不好，所以，你一定要好哦！怎么样，你有没有感受到一种无形的压力扑面而来？！

日本知名心理学家、早稻田大学教授加藤谛三曾提出过"善意操控"的概念，意思是说，有些人看似是为别人倾心付出，实际上却在默默地用表面的善意控制对方，给对方的心上了一道枷锁。有时候，其后甚至还隐藏着满满的敌意。表面上是"只要你觉得幸福，我可以接受"，但背后隐藏的却是"只要我幸福，你变怎样我都无所谓"。但无论是说的人，还是听的人，都没有注意到这背后潜藏的真正意图，只是常常会觉得无法和对方坦然、从容自在地相处，甚至会觉得不堪重负。

有些人以善意为名控制对方的内心，被控制的一方明明受到了对方的"攻击"，却往往难以抗议。美国著名心理学家弗洛姆称这样的人为善意的施虐者。

加藤谛三在《情感暴力》这本书里举了一个妈妈患有"彼得潘综合征"的例子，非常典型。这位妈妈会为孩子打扫卫生、洗衣做饭，倾尽全力地照顾孩子，还会向孩子推销自己，比如告诉孩子，自己是如何做好了饭苦等着他放学一起吃；自己舍不得买新衣服也要给孩子买新衣服等等。妈妈总是在不断表态："只要你幸福，妈妈怎样都可以。"在这样的家庭氛围中，其实每个人都活得非常压抑。而且作为孩子，他内心里其实是能感受到母亲这句话背后的空虚、孤独、不幸和焦虑的。他甚至会因为母亲这样的付出而充满内疚，觉得都是自己才让母亲这么辛苦，所以会迫切想要长大，想要逃离。

这样的人虽然嘴上说着"只要你幸福，我怎样都可以"，但是当自己真的发生不幸时，她的态度就会转变成"都是因为你，我才变成了这样"。想想看那些过度付出的女人们，当丈夫或者孩子做得让自己不满意，或者是做了伤害自己的事情时，她们是不是会常常爆发出这样的哀叹——"要不是为了你，我也不至于像现在这样……"最后可能还会补上一刀："好吧，看来我只有忍了，忍一时风平浪静，退一步海阔天空！我忍，行了吧？!"

幸福的体质

从最初的"只要你幸福，我做什么都可以"，到最后变成了"行了，我只好忍着你"！被付出的一方其实内心充满了委屈，心想：谁让你这样做了？！你可以不那么付出，你也没必要忍着啊，你这不是自我虐待找罪受吗？这些过度付出、内心充满了哀伤不幸的可怜天使们，她们其实是被内心深处滋生的空虚感、不安、恐惧、依赖心、自我价值感缺失等操控着的人，她们左右不了自己的人生，只好用善意和满满的付出来操控别人，以爱之名去要求和挟持对方，来达到自己的期望。

以前做节目时，我常说："过度的付出不是爱，是恨，更是索取，看起来是在给，其实是在要！"自以为是的过度付出，不但不会让对方感觉到幸福、快乐，甚至还会成为对方生命中不可承受之重，压得对方喘不过气来。这也就是为什么，在一段一方拼命付出、另一方被照顾得特别好的关系中，最先逃跑的却是被付出的一方——因为这种长期被操控的压力，"你看我都做得这么好了，你要是不对我好，你还是人吗"？这种变了味儿的充满胁迫感和压力的爱，谁也受不了！所以，女人们，请停止你们对男人和孩子无止境的付出吧，先看看自己付出的背后到底想要获得什么，对自己诚实一点！

有时候，拯救关系的最好方式是让渡权力

有一次，我在做节目时碰到一位听众，她跟我哭诉说，丈夫在家里什么都不管，这么多年来家里全是她说了算，她感觉日子越过越心累，内心也越来越难过、委屈，觉得婚姻快要维持不下去了。

那些说一不二的女人，按理说，关系中她大权在握，应该是充分施展了控制欲的。你在家里跟个女皇似的，难道还有什么不爽吗？可是她为什么会心生这么多的委屈和愤怒呢？

我们来看看"人"字的结构就明白了——人世间所有好的、让人舒服的关系，都是建立在互惠互利、互相帮扶、彼此支持的基础之上的，因为"人"字的结构就是双方相互支撑。所以，任何一段一方总是处于主导地位，另一方总是予以配合的关系，都是让人感觉不舒服的，也暗藏着很多危机。不光是同事关系、伙伴关系、亲密关系，就连家庭关系和亲子关系，假如一方总是主导，另一方总是跟随和配合而完全没有自我意志的表达，那么关

系迟早会崩坏或者是危机四伏的。

好的关系就像双人舞，有进有退才有美。

所以，假如你在关系中是那个控制欲得到充分满足、说一不二的一方，那么拯救关系的最好方式就是，让渡一下权力——不妨让对方也当当皇帝！

如何收获一段美好的关系？我在这里奉上自救心法。这个方法也需要大家的配合，一起来完成。

请你采访你身边的五个人，一个是跟你最亲密、最知心的人，一个是你的父母之一，一个是你的领导，一个是你的同事，一个是你的闺密，你也可以将上述五个人中的某一个替换成你的孩子。然后，询问他们以下两个问题：

问题一：你眼中的我是什么样的？请用五个关键词描述。

问题二：在你心里，你希望我是什么样的？也请用五个关键词描述。

然后把这五个人的答案全部收集起来，再对照一下你心里预想的他们的答案，你会发现有很多不一样。

加藤谛三说："因情绪的成熟而去给予，并能从给予中获得真正的喜悦的人，才可以从焦虑中得以解放！"对女性来说，只有真诚面对真实的自己，控制欲才会有所减退。前面提到的彼得潘综合征，其实是一种不肯长大、不肯面对现实的心理症状。那些唱着"我不想我不想长大"的女孩们，对外部世界总是充满了恐惧，因此才会特别善于运用控制欲来保护自己。因为长不大，才会装得像一个很会控制别人的小大人那样！

　　真正成熟的大人会顺势而为，不去控制他人，懂得活出自己。正如刘若英说的那样：真正爱一个人，就是让对方活得像他自己。不管是作为父母也好、爱人也好、子女也好，我们一定要明白，爱是一种自由的存在。真正的爱，从来不是以爱之名绑架和控制对方，而是让对方活出自我，活得像他自己。

自我攻击久了，可能会抑郁

杨幂在出演《红楼梦》中的晴雯一角时，自称是一个"刀子嘴豆腐心"的人。一提到"刀子嘴豆腐心"，我想会有不少女性频频点头："没错，我就是这样的。生气的时候，虽然讲话难听，可我的心是好的呀，我真的是完全为了他好呀，而且说了气话后，我自己也特别后悔。气话嘛，怎么能当真呢？"

可是你知道你嘴里飞出的"刀子"会给别人带来怎样的心理创伤吗？刀刀不见血，但是一样会伤人的呀！

《增广贤文》里有句话："良言一句三冬暖，恶语伤人六月寒。"所谓的"刀子嘴豆腐心"其实是种借口，让人误认为"刀子嘴心地善良"。但是很遗憾，没有人能通过你恶毒的语言，看到你内心的柔软和善良。

刀子嘴的背后，到底隐藏的是什么心理呢？

通常情况下，"刀子嘴"的人都标榜着"为你好"，一副通晓世事、无所不能的模样，这种人其实充满了攻击性。攻击性人人都有，因为我们本来就是动物。动物如果丧失了攻击性，在自然界是很难存活下去的。

攻击性是指具有对他人有意挑衅、侵犯或对事物有意损毁、破坏等心理倾向和行为的人格特征。破坏性的攻击性容易使人的内心产生一种负面能量。而心理健康的人可以通过合理手段释放攻击性。如果攻击性过度累积、不发泄出去，可能会产生抑郁的情绪。

心理学界普遍认为，攻击性是生命活力的源泉。在我们中国人的认知里，大家总以为攻击性是言语或肢体的攻击。但是，在英文里，表示攻击性的单词——Aggressiveness，其实并不是贬义的，而是中性甚至是褒义的。除了侵略、攻击的含义，还有一个受欢迎的含义——有进取心。因此心理学会特别强调，活出你的攻击性，因为攻击性直接和欲望、主观能动性以及内在能量相关。

即便是愤怒的攻击性，也不全是坏事，只要是合理的宣泄，攻击性释放出来之后，不光你自己的愤怒得到了排解和释放，而且你真实的一面得以展示，你和别人的关系反而会更亲近。比如有些人不打不相识，越吵关系反而越好。因为大家通过释放攻击性，加深了对彼此的了解。这些都是健康的。

而不健康的释放攻击性的方式是什么呢？一方面是，向外释放攻击性，也就是暴力行为，包括肢体暴力和语言暴力。另一方面是向内释放攻击性，指的是自责、内疚、悔恨、严重的低价值感、无力感、无能感、无趣感、受挫感、无望感或者绝望感，甚至自我谴责、自我惩罚、自我贬低等一系列自我欺负、自我虐待的行为。

抑郁症的心理因素，就是长期将攻击性指向自己，长期向内攻击的结果。长期觉得自己窝囊、软弱、无能，这也不行那也不对，这一切的一切都是我造成的，都是我的错，我这样的人活在世上有什么用……在这里，我不得不提醒你，赶快停止这样的自我攻击吧！因为这样对你的身心健康都是极其有害的。自我攻击久了，也许你就真的变得不自信、没价值感、情绪低落、失眠多梦、焦虑不安，甚至还会患上抑郁症、强迫症。

说到这里，我跟大家分享一个小故事：一个男孩尿床，非常痛苦，去做咨询，一小时后，他兴高采烈地出来了。

家人问："医生把你尿床的毛病治好了吗？"

他说："没！"

"那你高兴什么？"

他说："医生让我懂得，这不是问题。"

这个小故事告诉我们的是，做到自爱并不难，接纳自己的一切，无论好坏，都学会用欣赏的眼光来看待自己；与此同时，切断自己的负面联想、向内攻击，让自己的内部对话充满浓浓的暖意。

刀子嘴的人一定是内心柔软、善良的吗？

合理释放攻击性对自己的身体和心理健康都是有好处的。但是如果方式不恰当，比如"刀子嘴豆腐心"，你自己是舒坦了，却伤害了关系。我们试着设想一下，如果家里有一个"刀子嘴豆腐心"的妈妈，她高兴的时候，家里就是晴天；她一不高兴，嘴里面就飞出了无数的"小刀子"。骂孩子的时候，她可能会说："你怎么这么笨？你是猪吗？"骂老公的时候，可能会说："你真是个窝囊废，我真是倒了八辈子霉才嫁给了你。"这样的家庭氛围会如何？全家人一定都不开心。

美国人本主义心理学家罗洛·梅在《焦虑的意义》一书中写道："临床实践已经证实，敌意和不安有直接的关系。"攻击性背后的心理原因其实有两种，一种是不满，也就是愤怒；另一种是不安，也就是焦虑。而愤怒和焦虑都有可能直接转化为暴力行为，比如有暴力倾向的男人通常内心都住着一个极其愤怒又严重缺乏安全感的小孩子；惯于使用语言暴力的女人，也就是"刀子嘴豆腐心"

71

的女人，她们的内心里也住着一个既愤怒、恐惧，又严重焦虑的小孩子。

除了不安和焦虑引发的语言暴力，还有一个导致女人"刀子嘴豆腐心"的原因是，在身体力量上，女性天生处于弱势地位，所以，男人动手，女人动嘴。

刀子嘴的人内心一定柔软、善良吗？我看并非如此。"豆腐心"真正的内核并不是软弱心肠，而是容易懊恼、后悔，由于没有边界意识而容易过度承担或者是容易受伤罢了。

"刀子嘴豆腐心"的人容易懊恼后悔，这不难理解，他们往往会在冷静下来的时候，对刚才说的过分、伤人的话表示十分内疚，他们的心会马上软下来，甚至泪眼婆娑地说："我刚才真的不是故意的，我说的都是气话，你别往心里去，我不是那么想的。"

大家要小心了，他并不是在真正道歉，只是他冷静下来之后，意识到刚才的语言暴力太具有破坏性和杀伤力了，意识到有可能已经伤害到关系了，他开始慌张地想要挽回而已。他的心软是在表达悔恨，释放"你有可能不再理他了"的焦虑，并不是真的对刚才自己的"刀子嘴"表达歉意。

"豆腐心"的人还有一个特点，那就是没有边界意识。碎嘴子的人往往特别爱操心，尤其爱操别人的心，这是由于他们内心缺乏边界意识，分不清哪些是自己的事，哪些是别人的事，哪些才是大家的事。他会把别人的事和大家的事都当成自己的事过度承担起来，整天忙叨叨地付出，假如对方没有如他所期待的那样给予回馈，他就会特别愤怒和失望，由此就产生了攻击性。不仅如此，由于没有边界意识，他们还很容易将别人请进自己的生活里，对别人一厢情愿地倾注感情，因此也就更容易受伤，当然也更加容易心怀不满。

所以，"刀子嘴豆腐心"的背后其实隐藏着两个真相——刀子嘴意味着不满和愤怒、不安和焦虑；豆腐心意味着懊恼和后悔，意味着缺乏界限意识。

所以，刀子嘴未必豆腐心！

"沟而不通"到底是谁的问题？

我们常说，要做一个善于沟通的人。可是我发现，生活中大多数女性朋友对"沟通"二字却并不以为然。为什么呢？因为女人们自以为天生就善于表达、沟通。可是你有没有发现，你跟你家那位或者是你的孩子在一起的时候，大部分时候都只有你在那里喋喋不休。对方要么是左耳进右耳出地敷衍你，你说了上百遍也等于没说一样，于是你越来越狂躁，说得越来越多！要么就是对方躲得远远的，你爱说啥说啥，于是你简直快要原地爆炸了！

也许你会反驳说："我沟通了呀！"抱歉，你这最多算是无效沟通。

大家知道沟而不通的原因是什么吗？就是因为你那张嘴太能说了！你喋喋不休地不断表达你的需要、你的感受和你的要求，这在对方看来，等于完全剥夺了他的语言表达机会。这种被剥夺感也会让对方产生一种被语言暴力了的感觉，尽管你并没有骂他，但是你只顾着说你自己的，他的感受也同样很不好。

日本知名心理学者加藤谛三认为，情感暴力者具有三个特征：一是他们误把自己的执着当作爱；二是他们误以为如果没有充分展示自己，别人就不会重视自己；而第三个重大的误会是，自己想要改变别人，或者是要变成别人口中那个理想化的人。

你是不是觉得不断地唠叨，不断地关心他、提醒他就是爱他？

你是不是觉得假如自己的感受和需求没有一遍又一遍地强调，他就不会重视你？

你是不是想要通过不断地要求、规劝来改变他？

很遗憾，你这一火车的话都不能博得他更多的关心、关注和爱！相反，他会躲你躲得越来越远。因为，你从来就没给过他说话的机会，从来没有聆听过他的内心，他真正想要的到底又是什么，你从来不知道！

如果他跟你说："只想静静。"那一定不是静静的问题，是你的表达方式出了问题。

有时候，你需要把讲话的空间让出来，让他说。

请你拿出一张纸，写下你在用语言攻击对方的时候，或者是唠叨对方的时候，最经常用到的词。当你这些刀子一样的语言又即将脱口而出的时候，请你在心里立马按下暂停键，然后在你的小本本上将这句话划掉一次！下一次又做到了，来，再划掉一次。当你能够一次又一次地克制住不再"小李飞刀手起刀落"的时候，你就能理性地表达和沟通了。

言多语轻，话说得多了，分量也就轻了，把讲话的空间让出来，让他说。他不说，你就该忙什么忙什么，或者给他一个温柔的拥抱，帮他捏捏肩也好。要知道，在人际沟通中，并不是只有语言才是你可以使用的工具，你的身体也一样可以利用起来，包括性生活。

语言是带有情绪的，能给人温暖，也能给人伤害。但愿我们都能在沟通中体会爱与平和。

好好说话的人最可爱，我们有话好好说！

苏格拉底曾说："世间有一种能力可以使人很快完成伟业，并获得世人的认可，那就是令人喜悦的讲话能力。"说话，看似简单，实则是一个人情商最高级的表现形式。可以说，好好说话是一门学问，更是一门艺术。那我们该如何好好说话？怎样说才能有效缓解我们的焦虑呢？

好的语言表达方式有一个重要的原则，请大家记好——将你的语言与当下的感受连接，也就是说，请你直接用语言表达出你内心真实的感受和别人的感受，当你的语言能够维护别人和自己的感受时，它就是温暖的、让人感觉舒适的、如沐春风般的语言。你怎么想的就怎么说，不带情绪地表达你的感受，在说的时候也注意照顾对方的感受。用一句话来总结就是——能够准确地表达真实的感受，又能维护彼此感受的语言，就是好的语言。

原来，两点之间，直线最短，说话别兜圈子，有啥说啥，不打击、不否定、不威胁、不比较、不冷淡，咱们好好说话。

我总结出了三种能让人迅速缓解紧张和焦虑情绪的句式，而且这样说话能让听者充分感受到你的爱。我们一起来学习一下：

1. 希望式表达：把你的抱怨转换成希望。试着把"你怎么连什么什么都做不到？"转换成"如果你能做到什么什么，就好了"。比如，老公回到家，你别气势汹汹地说："我每天也很累的好不好！你怎么整天连碗都不洗呀？"而是转换成："老公，我太累了，你要是能帮我洗洗碗就好了……"当你这样坦诚地说出自己的累，同时又温柔地表达自己的需求时，你老公会忍心拒绝吗？

希望式表达——"如果你能帮我做什么什么，就好了。"

2. 目的式表达：把你的恐吓转换成具体的目标。别再说："你要是做不到什么什么，我就怎么怎么样！"而是转换成："如果老公近期能达成什么什么目标，我觉得就很棒！"给对方设定一个很具体的、现阶段够得着的小目标。例如，别跟你的伴侣这样说："你这辈子要是赚不到一个亿，我的青春就是喂狗了！嫁给你可是白瞎了！"好的表达应该是："老公，咱俩要是明年年底能攒够 10 万块钱，然后你还能带我出国玩一圈，我就幸福死了！"

目的式表达——"如果你近期能达成什么什么目标，我觉得就很棒！"

3. 方法式表达：把让你着急跺脚的焦虑转化为具体的、可操作的建议和方法。别再说："哎呀，你怎么连这个都会做错呀！"而是转换成："如果这样做，会不会更好？"比如，别跟老公说："你是猪吗？连这都做不好？"而是转换成："老公，你看啊，如果下一次再遇到类似的问题，咱们这样处理，会不会更好？你说呢？"充分尊重对方的感受，同时又提出建设性的意见，如此贤妻，能不爱吗？

方法式表达——"如果这样做，会不会更好？"

接下来，我给大家布置一个小作业：请将你近期对亲近的人说过的最难听的话，试着转换成爱的表达。试试看！

最后，愿语言只是最美的情话，不再是伤人的武器。

真正伤害你的，是你对事情的看法

有不少朋友，特别是女性朋友，尤其是恋爱中的女性朋友，对恋人有没有及时回复信息这件事是非常非常在意的。若对方回信息晚了，她就会先是生气——"哼，一点都不在意我！"进而猜忌——"他到底干吗呢？跟谁在一起？"紧接着就开始担心了——"他不会出什么事儿了吧？"……甚至会焦虑到快喘不上气儿来。假如对方有过几次没有及时秒回的行为，她简直就有了分手和中断关系的念头，甚至想把对方拉黑！为什么呢？对方并没有伤害她呀。可是她会觉得：如果你总是让我处在不确定的恐惧中，那么你就是个不靠谱的人，就是在伤害我！其实真正是谁在伤害她呢？是她内心的不确定感，说白了，就是自卑心理在作祟。

所谓不确定，就是你不确定自己能否跟对方一直走下去，不确定对方的心里到底有没有你。如果你的内心是笃定的，又怎么可能会因为他没及时回复信息而生气呢！

所以，避免让内心不确定的小怪兽跑出来伤害自己、伤害关系的最有效的方法就是，锻炼一下"没及时收到信息"的耐受力，有意识地用理性规劝那个因没及时收到信息而抓狂、焦躁的自己。然后，一次又一次地延长自己耐心等待的时间，在这个过程中，你可以尝试转移注意力，让自己去做点更有意义的事，而不是只盯着他，盯着手机！当你不再因为他不及时回信息去发脾气，而是该干吗干吗时，他说不定会反过来更关注你呢。

真正能伤害你的，从来不是事情本身，而是你对事情的看法。要想让自己免于伤害，就要用乐观的视角去温柔地看待问题。

✍本章小结：

一切外在关系都是我们内在关系的投射。别人就是我们的一面镜子，帮我们照见更真实的自己。如果我们想改善人际关系，就必须从改变自己开始。

第五章
你现在的不如意,和原生家庭有关吗?

说到原生家庭,很多人首先想到的就是相爱相杀的母女关系。

不知道大家有没有看过电影《黑天鹅》,这部电影讲述的就是不健康的母女关系给生活带来的"灾难"。

美丽的女主角妮娜的母亲,曾是个事业辉煌的芭蕾舞演员,因意外怀孕生下妮娜,断送了自己的舞蹈生涯。她将自己未完成的舞蹈梦寄托在女儿身上,尽心尽力地看护着女儿,严格掌控着她的生活,希望女儿有一天能替自己登上职业的巅峰。为了实现这个愿望,她对女儿的关心照顾可谓是无微不至,甚至连指甲都会替妮娜剪。虽然已经成年了,但妮娜依然如小女孩一般生活,没有男朋友,没有任何母亲之外的社交生活,而且行为拘谨、难以放松,甚至出现了妄想症。

生活中,"黑天鹅"式的母亲并不少见。她们以爱之名,将全部心力都投入到女儿身上,结果,一个始终都无法找到自我,而另一个始终都无法活出自我。

父母真的皆祸害？

关系焦虑，其实是女性所有焦虑的源头所在。我们每个人的一生都离不开关系，我把我们一生遇到的关系划分为五种，分别是家庭关系（你跟你的原生家庭，也就是你跟你父母之间的关系）、亲密关系（伴侣关系）、亲子关系（你跟你的孩子之间的关系）、生涯关系（你跟你的职场以及职场里的人之间的关系）、自我关系（你跟自己的关系）。

在这五大关系中，家庭关系，也就是你跟原生家庭（父母）的关系，是一切关系是否健康顺畅最基础的因素。可以说，父母构建了你的心理底层逻辑。心理学研究也早已证明：一个人的童年经历，特别是原生家庭，对个人的性格、行为、心理起着决定性作用，会产生长期、深远的影响，甚至会决定一生的幸福。

热播剧《都挺好》，就残忍地揭开了原生家庭中那些我们不忍直视的疮疤。剧中的苏明玉深受原生家庭的影响，从小生长在一个重男轻女的家庭。父母的偏心，给她带来了一辈子都无法磨灭的伤痛。她妈妈的眼里只有两个哥哥，也只关心两个哥哥。大哥上清华，要出国读书，妈妈就算是倾家荡产也全力支持。二哥读大学，找工作，甚至是买婚房，都是妈妈想方设法出钱帮他搞定。

可是，到了明玉这里呢？好学的她想买一本习题集，妈妈都不给买；明玉成绩优秀，本是上清华的料，可妈妈说："女孩子家家，读那么多书干什么？还不是要嫁人变成别人家的人？"最后给明玉报了一个免费的师范学院。

明玉伤透了心，与家里断绝关系，再也不曾回家。当她再次回家时，已是 10 年后，因为母亲突然去世。

从小父爱母爱缺失，明玉虽然在职场混得风生水起，内心却无比痛苦，极度缺乏安全感，总有一种被抛弃的感觉。所以她很独立要强，并且一心想与这个家庭决裂。

这不禁让我陷入了沉思——原生家庭是否真的会影响我们的一生？父母是否皆祸害？我们不如意的人生都是父母造成的吗？当然，我本人对这些观点是持否定态度的。

过度卷入型：原生家庭的事都是我的事

对原生家庭的关系感到焦虑的女性，她们通常会发展出两种行为方式：过度卷入型，父母甚至那一大家子的事儿都是我的事儿；过度逃离型，我再也不要回到那样一个家。

不知道有多少孩子从小到大都是看着父母的脸色长大的。父母是家里的天，他们的情绪就是家里的"晴雨表"。父母情绪好，家里就是晴天；父母情绪不好，家里就是阴天；父母大发脾气，对孩子来说，就是家里电闪雷鸣。

那些过度卷入型的女性，几乎从小就是一个紧张的、被父母吓坏了的小女孩。她们对家庭的氛围极其敏感，总觉得家里的天气状况跟自己有关，是自己的责任。她们从小就学会了看大人的脸色行事，只要父母脸色一变，就会立马终止自己的行为，哪怕这是她内心真正想做的事！

之前在做夫妻婚姻关系治疗的时候，我反复跟一些父母讲，为什么关系不和谐却既不寻求和解又要拖死对方的婚姻状态，反而会对年幼的孩子造成非常大的心理伤害？因为孩子对父母的情绪变化非常敏感，他是完全能够捕捉到家里的低气压的。当父母不开心、吵架、怄气、冷战的时候，年幼的孩子并不知道到底发生了什么，他只会把这一切跟自己是不是不可爱联系起来，并在幼小的心里埋下一颗种子："我乖，爸爸妈妈就高兴；我不乖，爸爸妈妈就不高兴。他们总是不高兴，一定是因为我不乖，他们觉得我不可爱。"要怎样才能让他们高兴起来呢？那就是要看他们脸色，讨他们高兴，让他们觉得我乖！

孩子这样的内心潜意识，或许永远也不会讲给大人听，但是他的心灵会彻底陷入辛苦又心酸的"向上讨好"的心灵泥潭里，日渐扭曲，在他非常小的时候，"做自己、爱自己、为自己而活"的认知就已经被处理不好自己婚姻关系的父母彻底碾碎了！

所以，总是被父母教育要懂事、要把好东西让给弟弟妹妹的大姐，或者是成长在父母总是情绪不好的家庭中的那个小心翼翼的女儿，她们长大以后会成为对原生家庭格外操心，貌似强大到什么都能扛，其实内在格外脆弱容易焦虑的女人。只要家庭氛围能好一点，她愿意为她的父母甚至包括弟弟妹妹等在内的这一大家子奉献自己的一切！

对原生家庭过度卷入型的女人，她们内心的能量是枯竭的，常常有一种灯枯油尽的感觉。自己的内在每天都在枯竭，她能不焦虑吗？

这样的女性着实让我心疼。因为她们心里仿佛就从来没有过自己的位置，更别提好好爱自己！这样的女性在组建了家庭之后，对自己的伴侣和孩子往往远不如对原生家庭那样有耐心，她甚至会对自己小家里的家庭成员表现出不管不顾的自私。

只对自己父母那一大家子好，对自己的小家却自私、冷漠、疏离，这样的女人为何活得如此分裂？原因其实很简单，她把自己的小家当成了她自己，她不懂得如何爱自己，又怎会懂得爱自己小家里的伴侣和孩子？可以想见的是，她的孩子日后将重复她的命运。在不自觉中，她将父母带给她的糟糕影响就这么遗传给了下一代。

对原生家庭过度卷入型的女性，还有一类需要我们格外的自我警醒，就是那些从小被父母的偏心和忽略深深伤害过的女人。比如，在重男轻女的家庭中长大的女儿，或者是家里三个孩子排行老二的那个女儿。可能连她们自己都无法解释，为何父母偏心、对自己不好，长大以后反而是她最操心父母呢？她可能会以为这是爱，其实在心理学看来，这是一种潜意识的报复——"你们小时候没对我好过，现在我要加倍对你们好，让你们羞愧，让你们意识到你们对不起我！"

那些因为潜意识的报复而对年迈的父母百般付出的女儿们，她们总是会不断地对别人发牢骚，而且总是莫名地心累和委屈。看得出来，她对父母的好并不是那么心甘情愿。当然，她也不会承认自己对父母又抱怨又过分付出的行为是存在报复心理的。

只有当你鼓起勇气，直面真实的自己时，你才能真正看清自己，才会懂得开始修复、疗愈你内在的创伤，这样，你才能与原生家庭和解，与过去的自己和解，你才能真正走出来，活出一个全新的自己。

过度逃离型：我再也不要回那个家

过度逃离型非常好理解，通常在那些比较有个性、很早就有自我意识和自我主张的女孩身上出现。父母给自己提供的养育环境太差了，差到让自己无法忍受，感觉一天也待不下去。于是她盼着快快长大、赶紧结婚，早点逃离这个家。比如说《都挺好》里的苏明玉，对原生家庭彻底绝望的她，选择了与父母断绝关系，离家出走。

但我要提醒大家的是，在现实生活中，这类女孩婚姻失败的可能性会比较大，因为她们可能会为了尽快逃离原生家庭而做出错误的选择，而且她们的心里累积着多年来对父母的愤怒，这些愤怒就像埋藏在她们内心深处的活火山一样，被她们带到自己的婚姻关系里，随时可能会被触发，表现出来就是脾气不好、情绪阴晴不定，或者对伴侣过分挑剔，因为她们在潜意识中把对父母没有给够自己的爱的渴望，一股脑儿地强加给了自己的伴侣。

这让我想到了民国才女张爱玲。我在前面也提到了，她的父

幸福的体质

亲张廷重是穷途末路的封建遗少，母亲黄素琼是心比天高的独立女性，两人的婚姻一开始就是一个错误，更让人心痛的是，他们俩把对彼此的恨全都投射到了无辜的儿女身上。所以，张爱玲自小就缺失父爱，父亲嫌恶、否定、殴打她，甚至叫她去死……她长大后则把自己对理想父亲的渴望投射在了伴侣身上，先后经历两段婚姻，胡兰成比她年长 14 岁，赖雅比她大 29 岁。张爱玲曾袒露自己的婚姻观："我一直想着，男人的年龄应当大十岁或是十岁以上，我觉得女人应当天真一点，男人应当有经验一点。"这种择偶观的形成，其实就是她对父爱的追寻。

可是，大家要知道，我们的伴侣并非全能，他们也会因为我们诸多强加的需求、渴望、标准而陷入对婚姻、对伴侣的失望中。所以拼命逃离原生家庭的女性，一方面成了旧关系（也就是原生家庭、与父母的关系）的受害者，另一方面又成了新关系（也就是自己的婚恋关系）的加害者，而不自知。各种关系都处理不好，自然焦虑丛生。

若要超越原生家庭带给我们的爱与痛，与父母和解，活出全新的自己，那么我们都需要一些勇气去疗愈心中的那个"家"。如何跟原生家庭和解？这是一个非常大的话题，我们不可能通过一篇文章就完全地梳理透彻，在这里给大家一个建议，请你不妨试试看。

这个方法就是：请你完成两封写给父母的信。一封坦白真诚地向他们倾诉你的委屈和愤怒，另一封向他们表达你的感谢和感恩。如果你足够有勇气，可以找个心平气和的机会，把这两封信读给父母听。如果没有勇气也没关系，这两封信不需要寄出，那只是你跟父母和解的第一步，是帮助你自己消解焦虑要做的积极改变。

我知道这不容易，但是一个不曾疗愈原生家庭的创伤，没有和父母和解的人，是注定不可能真正做自己、拥有自己的人生的。只有当他明白自己性格中那些负面的东西来源于哪里，主动跟原生家庭和解，他的心理状态才能真正得以改变，一个全新的自己也才得以诞生。

没有谁不渴望被看见、被呵护，即便是无趣的妈妈

弗洛伊德认为，人人都有俄狄浦斯情结（也就是恋母情结）。不过，有心理学者针对女性的成长提出了不同的观点：和男性的恋母情结不同，女性对母亲的依恋并不是简单的俄狄浦斯情结，她对母亲的依恋并不是出于对母亲的欣赏和敬仰，而是因为母亲是她学习亲密关系的第一个客体。

而对母亲来说，女儿更像是她延伸出的一部分自我，因此，对于女儿的长大，几乎所有的母亲都有着非常多的担心。这种担心如果过度，往往会演变为一种控制，甚至是诅咒。

"那个男朋友会不会只是想把你骗上床，你要小心一点。"

"你的领导给你的工作任务这么难，你恐怕胜任不了吧……"

"你跟这个朋友交往会不会拉低你的学习成绩，你可别交友不善哦。"

"妈妈跟你说的小心成剩女嫁不出去，你到底听进去了

没有？"

这些对女儿的过度担心，听上去是不是很像诅咒？

之前我在做节目的时候，曾经碰到过这样一个女孩，表面上看，她非常温顺温柔，非常好相处，其实她却有养冷血动物的爱好，养了很多蜥蜴、蛇，而且她跟关系比较亲密的朋友相处时，经常表现得非常乖戾，甚至不好相处。这种对妈妈的极度顺从跟她对亲密朋友的乖戾形成了强烈的反差。

后来，她在跟我的交谈中反复提到母亲，她说她母亲实在太烦人了。

母亲无休无止的担心和唠叨如同魔法一般施加在女孩子的身上，在母亲这种极度束缚的关爱中长大的女孩会是什么模样呢？一边丧失自信，害怕为自己的人生做出选择；一边对母亲充满了愤怒和反感，时刻想要逃离，可是她内心深处又对母亲充满了内疚和自责，总觉得远离母亲活出自己，是对母亲的一种背叛。对女孩子来说，这种过于亲密、过于深重的爱真是生命中的沉重枷锁。

这类女孩往往表面上会表现出对自己各个方面的不接纳，觉得自己长相难看、行为举止不自在、性格也不够好，总之，自己是一个不招人喜爱的女孩。事实上，这是对母亲的不接纳。当母亲把女儿当作衍生出的一部分自我时，女儿的自我界限也是模糊的、充满焦虑的。

女孩对母亲不接纳，源于母女的分离焦虑。换句话来说就是，女儿要离开母亲，踏进自己的成人世界时内心产生的焦虑感。这对大多数自我人格发育不够成熟的母亲来说，是相当困难的一个心理过程，因为她的自我在生养女儿之前并不完整，是女儿让她得以完整，拥有了女儿的她，仿佛就拥有了一个完美的自己，于是有一天，当长大的女儿要同她分离了，这感觉就如同从她的心上生生割掉一部分，她会焦虑、会恐惧、会不知所措，她便将这种焦虑投射为对女儿成长的过度担心和唠叨。

心理学研究表明，对自己失望的母亲，更容易和女儿产生矛盾。我们甚至可以说，你跟母亲的关系有多糟糕，几乎就反映了母亲对她自己有多失望。

因此，我们长大成人之后，跟母亲和解的第一步，就是要先弄明白母亲对自己的失望到底在哪，有多严重。

在我们还是女婴和女童的时候，我们意识中的母亲都是完美的、强大的，但进入青春期之后，我们发现，母亲也有着那么多的不完美，她也会把很多问题处理得相当糟糕。于是，对母亲的自我失望，我们在心理上产生了投射性认同，我们也认同母亲是一个焦虑不安又不够智慧的女人，甚至在内心里开始讨厌母亲。请注意，对自己失望的母亲不见得都是弱势的，有可能还相当强势，而且表面上强势不讲道理，完全听不进不同意见。

我们要如何跟这样的妈妈和解呢？将对母亲的完美期待丢进垃圾桶吧！从今天开始，结合母亲的原生家庭和成长经历重新看待母亲，然后你会明白，原来母亲也有着很多力所不能及的、心有余而力不足的"有限"和"局限"，她的眼界、她的格局、她的思想意识将她困在一方狭小的空间里，很多时候并非她愿意如此，而是她只能如此，母亲的自我成长也一样卡在了她生命的某个阶段，有待去完善和成长。

其实，我们的母亲也只是一个极其普通的女人。这么多年来，我们却用完美母亲的标准去苛责她，这并不公平。

与母亲和解——懂得呵护她的"少女心"

我的一位闺密跟我说过这么一件事儿,她跟她妈妈的关系其实并没有别人看到的那么好,尤其是在闺密生了孩子,她妈妈来帮她照顾小孩之后,总是矛盾不断。有一次闺密下班回家,给女儿买了一只 Hello Kitty。可是第二天醒来,她发现妈妈正坐在沙发上,抱着 Hello Kitty 仔细端详,脸上流露出了非常萌的表情。

这时候她才意识到,原来像粉色 Hello Kitty 等这些女孩子都喜欢的物件,在妈妈的童年里却是极度缺失的部分。所以别看妈妈是个老太太了,可是当她看到 Hello Kitty,第一次摸到它,感受小玩偶的可爱时,她的心里也萌发出了少女状态。那是妈妈在少女时期不曾体验过的粉红色的梦境,所以细心的她在第二天下班回来的时候,又带回了一只 Hello Kitty 送给妈妈。妈妈虽然表面上非常不好意思,甚至说"你干吗乱花钱,我这么大年纪怎么会玩娃娃"。但闺密看得出来,妈妈的眉梢眼角都是藏不住的喜悦!

我们常说,每个男人的心里都住着一个长不大的少年。其实,每个女性的心里也住着一个长不大的少女，无论年龄几许，她们都是有少女心的，关键是她身边的人是否真的爱着她，能够接纳她的少女心偶尔非常放松地跑出来，哪怕只是稍纵即逝。

加拿大儿童教育专家曾做过一项关于"你不喜欢妈妈有哪种表现"的调查。他们随机抽取了 120 所幼儿园，共 2000 余名儿童参与调查，最后总结出了 6 种最不受孩子欢迎的妈妈，其中"无趣、不好玩的妈妈"位居前列。那么妈妈们又是如何变成无趣的妈妈的呢？其实，从少女到女人的成长过程中，当妈妈们不再是少女，而是变成妻子，变成母亲，变成一个生命的庇护和倚仗时，她们只得早早地压抑、掩藏起自己的少女心，然后把自己历练成"钢铁女战士"，以适应这个社会。所以，那些无趣的妈妈们，其实一直活得紧张又没有自我。

但我相信，没有谁不渴望被看见、被呵护，即便是你眼中无趣的妈妈。如今妈妈老了，而你长大了。你对母亲"少女心"的呵护，会让母亲感觉自己被看见了，在女儿这里得到了足够的照顾、体贴和宠溺，感受到了被爱，她就会放松自己，而这便是在反哺父母。

一个健康的家庭中，每个成员都应该是独立的存在，爱着彼此的同时尊重彼此，妈妈对女儿是如此，女儿对妈妈更是如此。愿天下母亲都真正懂得什么是爱，把自由和自主还给孩子的同时，去追求属于自己的生活和快乐；也愿天下女儿都懂得去呵护母亲的"少女心"，让她活出自己曾经理想的模样。我想，这就是母亲和儿女最好的和解方式吧！

女儿送给母亲最好的礼物是教会她爱自己

美国家庭治疗学派最有影响力的心理治疗大师萨提亚曾经这样总结亲子之间的真正的爱：帮助孩子确立自我价值感，建立自信，让孩子学会爱和被爱，让他们愿意学习新的东西，愿意去冒险，这是每个家长留给孩子的最好礼物。

那什么才是儿女对父母真正的爱呢？是常常买保健品、给红包吗？是常回家看看吗？这些都是比较表面的对父母的爱，或者说，仅仅做到这些并不足够。真正能触及灵魂的对父母的爱是——帮助父母再次找回自我价值感，让他们愿意学习新的东西，愿意去继续探索这个新奇的世界，让他们切切实实感受到爱和被爱。

这几年，我也在改变自己爱父母的方式，从以前的买保健品、买衣服、买鞋、买吃的，渐渐变成了买书、买 iPad、买智能手机！回到家时，经常帮他们在手机上下载一些非常有趣的 App 或者是软件，教他们玩，陪他们一起玩。

现在，我爸爸看新闻，看各种资讯都是通过电脑，而我妈妈收到智能手机和 iPad 后，迷上了玩自拍。他们玩这些电子设备玩得甚至比我还熟练。与此同时，我还发现他们的精神状态越来越好，而且越活越年轻了。我想，这跟我唤醒了他们对这个世界的无限好奇有关。

在所有女儿对母亲的爱中，教会母亲爱自己是特别重要的。由于各种压力的影响，我们的妈妈可能生活得非常简朴，省吃俭用，不舍得花钱，生活特别不讲究；或者是她们内心缺乏安全感，所以不敢去接触和探寻未知的事物；又或者是由于跟父亲的关系不那么好，所以母亲对自己的形象疏于管理。而这些都是细心的女儿可以为母亲做的。帮助母亲更新生活观念，时不时地给予她赞赏、支持，鼓励她大胆去尝试，就像我们耐心地鼓励自己的孩子那样。而这，就是反哺。

当然，能够反哺的前提是，你已经过好了自己的生活，是否结婚生子不重要，关键是，你是不是个足够爱自己的人，你是不是已经能够把自己照顾安排得很好了。只有你心智成熟并懂得怎样才是好好爱自己时，你才能给母亲很多支持，教会母亲像你爱自己一样，学会爱她自己。

这世界上，最无私的爱不是占有，更不是控制，而是在无尽的关爱里，与对方一起成长为更美好的自己。

在跟母亲相处的过程中，当你感觉到的是岁月静好，而不是剑拔弩张的时候，你内心的焦虑自然会减轻很多。因为你内心装着满满的爱，而焦虑的本质就是缺爱。所以，试着跟母亲和解，重新开始爱妈妈吧！如此，你才会真正懂得爱自己！

　　自我疗愈焦虑情绪，要从学习爱自己开始。而与母亲和解才是我们爱自己的第一步。

　　虽然说在心理学看来，原因即解药，也就是说，找到了原因就等于找到了解决问题的方法，但如何落实到更具体的行动中才是最关键的。在这里，我要特别强调一点，焦虑自救心法最重要的是——你要去行动，只有真正去做了，焦虑才能得以缓解。焦虑自救，不能只停留在脑海中。

　　弗洛伊德曾说过这样一句话："仅仅当预期中的满足已不存在，幻觉才会被放弃。"用通俗的话来说就是，在我们内心从孩子成长为大人的过程中，慢慢放弃我们对全能父母的幻想，回到现实里，理解并接纳真实的、不完美的父母，在现实与理想中找到一个平衡点，找到一个合适且舒服的方式与父母和谐相处。怎么做？那就从放弃对完美母亲的期待开始吧！

父亲在家庭中的样子，藏着孩子的未来

"小龙女"吴卓林的消息隔一段时间就会上一次热搜。在父亲成龙缺位的日子里，离家出走、辍学、自残、自杀、出柜，这个叛逆的孩子一次又一次地挑战着大家的心理承受力。

那么多父亲缺位的故事中，这是我听闻过的最让人心碎的一个。在女儿的心理发展和发育过程中，父亲究竟扮演着怎样的角色呢？

加拿大安大略省圣杰洛大学针对 20 到 24 岁女学生所做的调查研究显示，父亲对女儿的感情、性心理与社会发展都有很大的影响。报告中还说，女性能否坦然地面对自己的性别，与她们感觉父亲是否予以自己足够的肯定和支持大有关系，他们在内心里越是认为父亲肯定自己的女性性别，处理生活和亲密关系问题的能力就越好。反之亦然。

父亲对女儿的心理影响主要体现在哪些方面呢？我认为，首先体现在女儿对自己性别的认同感上。弗洛伊德将父亲描述为儿童眼中的保护者、教育者和自己未来理想化的形象，而认同作用（指个体潜意识地向别人模仿的过程）会促使儿童将父亲作为榜样进行模仿，使自己的行为越来越像父亲。

父亲对于一个孩子的发展，特别是对于其自我认同的发展具有重要作用——他帮助孩子从心理上与母亲分离，教他们学会自我控制，学习各种规范和规则，同时，他还能缓和孩子母亲的情绪，避免她过度情绪化地处理她和孩子之间的关系。

前面我曾提到过，母亲跟女儿的共生关系，也就是母亲把女儿看作是延伸的一部分自我，因此久久不愿意和女儿分离。假如这个时候父亲的角色能够很好地参与进来，让女儿意识到自己是作为女性的独立个体，可以被允许发展出跟母亲不完全一致的性格、思维方式和处事方式，那么女儿会对自己身为女性这一性别产生认同感，分离焦虑也能得以缓解。

可以说，女儿将来会成长为什么样子，很大程度上取决于父亲与女儿共度的时日。

无条件的爱与信任，
是父亲能给女儿的最充足的养分

作为父亲，他能为女儿提供足够的安全感和被保护的感觉，这将大大有助于日后女儿对男人产生足够的信任。

美国和新西兰心理专家的一项联合研究发现：父女关系的好坏直接影响到女孩青春期发育，要么促使女孩正常或提前到达青春期，要么延迟女孩跨入青春期的门槛。他们指出，如果父亲让女儿感到威胁、疏远、不关心，不仅会使女儿失去安全感，也会影响她的人格发展。从女孩的情感发展来看，她们对父亲的依赖心和爱戴心理往往更强，她们渴望从父爱中获得安全感和特有的保护。

如果父亲给了女儿足够的安全感，那么她会感到自己更有价值、更重要也更自信。

马伊琍的爸爸就用他满满的关爱、呵护、肯定、信任，培养出了知性优雅、自信大方的马伊琍。

在一期《朗读者》的节目上，嘉宾马伊琍回忆起了高一时的一段小插曲：被老师告知家长她和多个男生早恋，思想品德那一栏还被老师给了差评。当时的她无法想象父母看到这样的评价之后会是怎样的反应，心里满是恐惧。结果，父亲的一个举动让老师倍感意外，也让马伊琍感到异常窝心——他竟要求老师列出女儿早恋对象的名单，之后还坚定地对老师说："我女儿我最了解，我还是找校长去说吧。"

受了委屈的马伊琍顿时被父亲感动得落泪。她在节目中坦言：对女孩子来说，如果有一个非常非常爱她的父亲，这个女孩活在世界上会很有底气。

无条件的爱与信任，是父亲能给女儿的最充足的养分。这样的父亲会让女儿懂得一个男人应当具备的责任、担当、理性、深沉、格局、心胸、正义、荣誉、价值、克制等父性化的珍贵品质。当父亲真诚地面对女儿，真实地表现出自己的男子气概时，女孩就学会了尊重男性，平等地对待男性。与此同时，她们也将学会青睐那些尊重自己、平等对待自己的男性，避开那些会伤害自己的男性。

而缺少父爱的孩子又会成长为什么模样呢？性格方面会有明显的弱点，如胆小、容易焦虑、过于内向、神经质、优柔寡断、自信心及责任心不足等。

父亲的身影里，
透着女儿未来伴侣的轮廓

对女孩来说，父亲的影响是巨大的。在她的人生成长之路上，父亲能够指引她对异性有着健康的认识，当然也可能错误地引导她们，令她们在与男性相处时困惑迷茫，焦虑到不知所措。可以说，父亲是女儿长大成人之后关于异性伴侣的参照系。一个好父亲的身影，透着女儿未来伴侣的轮廓。

父亲是女儿生命中第一位男性，能为女儿树立心目中男性的标准——好的父亲会让女孩希望未来的伴侣也能像父亲那样来对待自己，而坏的父亲榜样则会让女孩希望千万别遇到这样的男人。

美国密歇根大学历经 50 年调查得出结论：65% 的母亲发现自己的女婿和丈夫如出一辙！因为女儿在成年后会按照父亲的模式选择男友以及丈夫。调查显示，女孩和异性交往的能力，与父亲相关的程度达到 40%。如果说，母女的亲密关系带给女孩满足的体验和情感的支持，那么父女关系则会让女孩初步懂得怎样与异性相处，以及如何维持与异性之间的关系。

做节目的 18 年时间里，我遇到过许许多多总是在感情上受挫的女孩，有一些女孩甚至戏称自己是"渣男磁铁"。跟她们深入沟通之后，我发现，她们情感之路走得如此不顺，大多数都跟父亲有关。

之前我在做心理咨询的时候，遇到过这样一个个案：女孩有严重的自残倾向，老是在胳膊上划一道一道的口子。她说，男朋友总是会莫名其妙地离开她，可事实上，对方各方面条件都不如她。她也一直不敢和比自己条件好的男人交往，因为她的配得感非常低，自觉配不上更好的男人。面对亲密关系，她经常说的一句话是："有人愿意爱我，愿意跟我在一起，已经不错了，我还奢求什么呢？"

后来我才知道，这个女孩长期生活在重男轻女的家庭。爸爸觉得她的出生就是一个错，从来不拿正眼瞧她。她也从来没有从父亲那儿得到过任何肯定，内心自卑又没有安全感。长大后，在与异性的相处过程中，她充满了畏惧和不自信，所以总是遇到欺负自己、利用自己、欺骗自己、不把自己当回事的渣男。

父亲对女儿一生幸福的影响何其深远！可是现实生活中，父亲们又做得怎么样呢？中国青少年研究中心副主任孙云晓曾表示："父教缺失是我们民族很大的隐患。"绝大多数国人认为，父亲的家庭责任就是挣钱养家，为此，他可以经常外出应酬、谈生意、出差、陪客户……父亲这个角色的社会性太浓，而家庭性却被媒体、文化和舆论刻意地淡化了，他们原本应该承担的家教责任和陪伴责任也很少被强调，即便被拿出来说事儿也似乎不疼不痒。所以，有些父亲不愿意插手孩子的培养和教育，认为那是孩子妈妈的事。甚至有父亲以工作忙为由，把照顾孩子的重任完全交给了妈妈。对于这样的父亲，我想说，有些工作，晚些做并不会让你失去什么。但孩子的成长，错过就不再拥有！

改变不了父母，
我们可以改变自己！

　　父亲对我们女性的心理发育如此重要。但是父亲已经形成了惯性思维定式和行为模式，我们不可能去改变什么。已经从少女成长为女人的我们，又该如何重新"养育"自己，帮助自己修复由于父爱的缺失或者是父亲教育的不到位而带给我们的伤害呢？

　　改变不了父母，我们可以改变自己！原生家庭带给我们的伤害和影响一样可以得到修复。我们不妨设想一下，假如你有一个足够好的父亲，他的哪些特质、个性、品质对你处理问题最有帮助呢？

　　我们先来看看理性方面——

　　人们常常认为女性容易感情用事，其实，女人的感情并不见得比男人更充沛，她们只是对男人的感情更外露，但是，女人的情绪确实要比男人更丰富，所以，这句话应该换成——女性是容易情绪用事的。女人虽然在人前优雅、恬淡、云淡风轻，可是，一旦遇到触发情绪的事情，尤其是内心的不安全感、不自信、焦虑感被点燃的时候，她的负面情绪便像滔滔江水一般，能把身边亲近的人淹没……这就是为什么女人越是面对亲密的人，负面情绪越多，越无法控制自己而使小性子、大发脾气的原因。

　　这时候，假如足够好的父亲在你的身边，面对情绪失控的你，他会对你说些什么呢？他一定会告诉你，太情绪化的女人，会让男人受不了，你失控的坏情绪甚至会吓到他，让你之前树立的所有好形象、所有的付出顷刻间清零。所以，面对坏情绪，要理性一点、克制一点！他也许还会告诉你，假如你总是情绪失控，总是让自己陷入焦虑或抑郁的境地，你的工作和身体健康都会受到负面影响。然后，他会安抚你，可能会带你外出游戏、玩耍，帮你转移注意力，让你开心起来。总之，在你情绪失控的时候，先带你离开现场，等你的情绪平复了，恢复理智了，他再坐下来面对面地和你沟通，帮你解决问题。足够好的父亲一定会带给你这样的人生指引。

　　那么现在，请你把"足够好的父亲"换成你自己。每当情绪失控的时候，你要像一个足够好的父亲那样提醒、敦促和引领自己，学习足够好的父亲理性、宽和的一面，把它内化到自己的心里，变成你思维方式的一部分，将你的情绪好好管理起来，就像足够好的父亲期待你成长的那样自我成长。

　　除了理性管理情绪，你还要学会足够好的父亲面对困境时的自持和自励，也就是自我坚持和自我激励。社会对女性的刻板印象是柔弱的、不够坚定的、胆小不敢冒险的、遇到困难容易退缩的。其实这是对女性的误解，生活中有相当多的女性并不是这样的，因为她们在成长中已经发展出了父性人格的特质，虽然外表是漂亮的弱女子，但她已经在自我成长中发展出了偏男性化的刚毅品格。这对女性发展自己的事业、处理家庭矛盾来说，都是非常重要的品格。

假如你的父亲做得并不好，他让你时至今日依然非常没有安全感，所以不敢冒险、害怕困难、特别容易放弃和妥协。这时，你又能做些什么呢？想象一下，当你遇到困难不想坚持的时候，足够好的父亲会对你说什么呢？"加油，宝贝，你是爸爸最棒的成就，我的女儿一定不会轻易放弃的！别着急，办法总比困难多，阳光总在风雨后嘛！别沮丧，你一定能行的，爸爸看好女儿！加油，你是爸爸的骄傲！"这些话，请你也说给自己听，告诉自己一定要更坚强、更勇敢，因为足够好的父亲一直在看着你呢！一个非常坚定又时常自我激励的女人，是足够好的父亲更愿意看到的模样，所以，你要加油！

本章小结：

近 20 年来，我一直在节目中和我写过的书里倡导一种观念："一个人前半生的命运，是由他的家庭出身和父母对他的培养教育决定的，但遗憾的是，不是每个人都能幸运地遇到 100 分的父母。而每个人后半生的命运，却是可以通过自我成长改变的。我们完全有能力学习做自己的 100 分父母，在心理上重新养育自己。我们也完全有可能修复父母当初带给我们的伤害，让原生家庭的痛在我们这一代彻底终结，而不去影响下一代。"

因此，我认为，原生家庭对我们心理健康的影响并不是1，而是0.5。另一个0.5则是我们后天为了自我成长所做的努力。大家能够静下心来阅读关于女性焦虑自救方面的文章，这本身就是一个自我养育、自我疗愈的过程。原生家庭给你的0.5加上你自我成长的0.5，就构成了一个完完整整的你。如果你再努力挣钱、好好恋爱、乐观生活等等，就会为自己在"1"后面加无数个零了。

所以，千万不要抱怨、不要放弃、不要逃离，更无须焦虑，原生家庭之痛并非无法化解。总有一天，你会和自己的原生家庭，和过去的自己和解，然后从抱怨逃离到会心一笑，并轻声地对全新的自己说句："勇敢的女孩，你好。"

第六章
诚实面对自己的能力所及

　　我曾看到过一篇关于"拼命三郎"蔡依林的报道。在采访中，蔡依林说道："追求完美就是一个 bullshit（狗屎）。"她为什么这样说呢？我深入了解才知道，蔡依林对完美的追求可以说到了极致的境地。学习舞蹈时，她一天要练14个小时，练到伤痕累累，累到晕倒；挑战芭蕾舞20转，练到肩胛歪掉，大腿肌肉拉伤……为了在粉丝面前展现完美的一面，她甚至刷牙时都把一只脚挂在肩膀上练一字马。

　　不断地追求完美，好像已经成了她生命中不可或缺的部分。可蔡依林却自嘲地说："以前追求完美，让自己活得不像人，因为永远追不完。"

　　她说："我是要做就要做到极致的人，比一般人还疯狂。"可到头来却找不到自我。直到身体被拖垮时，她才发觉"身体在训练、暗斥我，不要再这样对自己"。

压抑的不只是欲望，还有生命的活力

　　每个想通过学习心理学来加深自我了解的人，有三个概念是一定绕不开的，那就是著名的精神分析学派鼻祖弗洛伊德提出的"自我、本我和超我"。在心理动力论中，"本我"（完全潜意识）代表欲望，受意识遏抑；"自我"（大部分有意识）负责处理现实世界的事情；"超我"（部分有意识）是良知或内在的道德判断。

　　那些过度追求完美的人，大部分是由于内在的"超我"过分强大，强大到完全压抑了"本我"的欲望和念头。

　　比方说一个超级自律的人，他每天拼命地减肥，为了减肥压抑了食欲；每天拼命地运动，以此抵消性的冲动和能量，压抑了性欲；拼命地工作学习，以此来压抑、抵制惰性。看上去，他的情绪好像永远云淡风轻，其实他是压抑了内在的愤怒和哀伤。这样的人，永远对自己有着更高的要求。

　　我们不得不承认，如此自律的人是非常容易取得成功的。我们甚至可以说，如果你想取得成功，就必须具备这些"成功者的素质"才行。但是，任何事物都是物极必反的。生活中，我们常常看到，不少人功成名就之后，却在事业辉煌之时突然患上了抑郁症。这确实让人无法理解——他都已经那么成功了，有什么好抑郁的呢？

过度追求完美是如何让我们变得更加焦虑、抑郁的呢？

之前在做心理咨询的时候，我曾遇到过一位非常成功的企业家，却身患抑郁症。他说，他内心总有一个声音对自己说："一定要努力，否则你就废了。"这种声音不断地提醒他，一定要自我精进。所以，即便别人都觉得他事业成功，但他永远都觉得自己不够好，还差得远。

如果我们去深入探寻、了解那些追求完美的人的内心世界，就会发现，他们常常处于一种极度焦虑、极度没有安全感的状态当中。当他说出"我很担心自己一安逸下来，整个人就废了"这句话之后，其实背后的潜台词是"我很担心，当我不能再为别人提供价值的时候，我就不值得被爱了"。在追求完美的人的心里，只有强大、卓越、能力出众的"超我"是有价值的，而自己的另外两个组成部分——本我和自我根本不值一提！

所以，对追求完美的人来说，常年压抑自己作为一个生命个体的基本欲望和人性中的脆弱已经是一种常态和思维定式。"我是生活的强者，我怎么能哭、怎么能懒、怎么能弱、怎么能输"？！这样导致的必然后果是，自己的大脑离自己的心越来越远，因为，他越来越不懂得关注自己的真实感受和情绪，而是将注意力投注在"别人怎么看待我的价值"这一件事情上。压抑人的基本欲望，其实就是在压抑生命能量，于是生命活力越来越低。所以，抑郁症又叫"生命活力丧失症"。这就是过分追求完美的人的最终结局。

生活中，大多数工作狂人都对自我的完美和自我价值感有着近乎偏执的追求，这种追求背后的心理真相是——对失去爱的极度恐惧。过度追求完美的结果是，也许你的事业非常值得被称道，但你的身心健康或许就岌岌可危了，因为过度追求完美是招致焦虑、抑郁等情绪的最直接原因。

其实，哪有那么多眼睛在盯着你，又哪来那么多的观众和敌人呢？不敢低头、不敢流泪，表面上，你是坚强如钢铁，实际上你是不肯承认和面对自己的脆弱罢了。因为逞强和坚强，并不是一回事！

想让自己成为更好的人，这本没有错，可是完美是追不完的，盲目地追求完美只会让自己陷入一种疯狂的怪圈之中，却对追求过程中失去的东西浑然不觉，很多时候甚至会给自己和他人造成很多不必要的负担，让自己活在"完美"的阴影之中。

性格是天生的，人格是可塑的

这是一个人人焦虑的时代，几乎没人能幸免于难。其实，各种各样的焦虑只是表象，真正的症结在我们每个人的心里，追本溯源，是我们不懂得如何爱自己。

假如我们的心里有一个槽，这个槽不是用来装水的，而是用来储存爱的，那么，如果一个人内心里的储爱槽是空的，他的内心必然会焦虑丛生。一个人只有学会了好好爱自己，将储爱槽装得满满的，他内心的焦虑才会得以缓解。所以，与其说我是在教大家如何缓解焦虑，不如说是教大家如何爱自己，如何从内心里真正从容、优雅起来。

爱自己并不是一句口号、一句空话，也不是停留在肤浅的买买买上。爱自己的第一步，是跟自己的原生家庭和解。第二步是了解和接纳真实的自己。了解自己，当然离不开了解自己的性格类型和人格类型。

117

幸福的体质

　　人跟人的性格有相似性，但人格很难有相似性，性格和人格并不是一回事。

　　性格，顾名思义，指一个人的性情品格，即每个人在对人、对事的态度和行为方式上所表现出来的心理特点，比如诚实或虚伪、谦虚或骄傲；比如勇敢或怯懦，果断或优柔寡断；比如热情或冷漠，开朗或抑郁；比如思维敏捷深刻、逻辑性强，或思维迟缓浅薄、没有逻辑性等等。可以说，待人接物即性格。它是个性的核心部分，最能体现个别差异。

　　人格是什么呢？人格是人类独有的，由遗传因素与后天环境相互作用而形成的，能代表人类灵魂本质及个性特点的气质、品德、品质、信仰、良心以及由此而形成的尊严、魅力等。

　　老戏骨陈道明就是非常具有人格魅力的代表。出身书香世家的他，书架上摆满了古典文学，琴棋书画样样精通；拍《康熙王朝》时，为了演好康熙，他把《清史稿》都翻烂了；拍《建国大业》，总共 1 分多钟的戏，他把阎锦文的史料翻遍了，还亲手改良军装戏服；拍《围城》，连钱钟书都写信告诉他："你让我看到了一个活的方鸿渐。"

　　关于他的人格魅力，宋丹丹曾这样写道：如果你是一个成熟女性，当你认识了陈道明，你要是不爱上他，那一定是你缺乏自信。

　　人跟人的性格有相似性，但人格是很难有相似性的，这就是人格的独特性，也是所谓的"人心不同，各有其面"。

　　不同的遗传基因、不同的生存及教育环境，形成了我们各自独特的人格特点。面对挫折与失败时，坚强者能发愤拼搏，懦弱者则一蹶不振，这就是不同人格特质的发展结果。人格是心理健康的重要指标，它决定了一个人的生活方式，甚至是一个人的命运。当一个人的人格结构在各方面都彼此和谐统一时，他的人格就是健康的。否则可能会出现适应困难，甚至出现人格分裂。

　　一般来说，一个人的人格心理特征一旦形成，便具有相对的稳定性，轻易不会改变。但它是可塑的，培养和发展我们的人格就叫自我成长！而心理学就是来帮助我们重新认识和整合我们的人格，帮助我们培养和发展我们的人格的。

性格是内向型还是外向型，并不是绝对的

性格指的是你待人接物的方式，是现实层面的事。人格指的是你的思想、心理、品德、情感、情绪等综合气质和精神面貌，是精神和灵魂层面的事。

人格决定性格，一个人格不健全、不健康的人，他的性格也比较难适应社会。反过来说，性格反映人格，我们通过一个人待人接物的方式，就能大致了解他的性格，了解他背后的人格健康状况。

对于性格和人格，心理学有众多门派的理论和划分方式，其中较为人所熟知的，就是荣格关于人的内向倾向型和外向倾向型的划分。

开始分析前，我想请大家先问问自己——你觉得自己是内向还是外向呢？也许有的人会说："我性格内向，因为我不善交际，对别人的眼光和评价很敏感，在公共场合发言或者表现自己会感到不自在、很紧张等等。"你又是如何看待外向的人呢？我猜你心

里会总结出这样的句子：外向的人热情、开朗、健谈，他们夸夸其谈，有时还很张扬，惹人讨厌。

如果答案是这样，那我要告诉你：你大大误解外向和内向了。

1913 年，瑞士心理学家荣格首次提出了内倾型和外倾型性格，他根据里比多（Libido）的倾向，也就是人的兴趣和情志的倾向，将人的性格划分为内向和外向。个体的思想活动倾向于外部环境，就是外倾性的人；思想活动倾向于自己，就是内倾性的人。

于是，人们普遍认为，外倾型（外向型）的人，重视外在世界、爱社交、活跃、开朗、自信、勇于进取、对周围一切事物都很感兴趣、容易适应环境的变化。而内倾型（内向型）的人，重视主观世界、好沉思、善内省、常常沉浸在自我欣赏和陶醉之中、孤僻、缺乏自信、易害羞、冷漠、寡言、较难适应环境的变化。

其实，这是一种对荣格理论的误解。在荣格的理论中，人的性格是内向型还是外向型，并不是绝对的，而是像阴阳太极图一样，外向和内向是相辅相成的。比如，很多世界知名的喜剧大师，私下里却是非常内向的宅男。

舌灿莲花的知名主持人何炅就说自己是个很闷的人："可能是性格的原因吧，其实我从小就是个老实巴交的孩子，甚至有些自卑，不过我普通话说得好，就老是被要求参加演讲或者主持，所以现在的状态都是被逼出来的，舞台上灯光亮了，我就会很活泼。私底下跟朋友在一起时，我绝对不是搞气氛的那一个。"

内向的你，真的需要改变吗？

研究发现，内向的人之所以内向，恰恰是因为他内心活动过于丰富，对外部世界非常敏感造成的。也就是说，人的内向并不是因为他不在意外界只在意自己，事实相反，正是因为他太在意外界，才性格内向的。

为什么性格内向的人在公开场合会紧张、放不开，表现得很不自在？其实是因为他心里太渴望跟别人交流和交往，却又担心自己表现得不好，所以才自信心不足，干脆把对外的"触角"收了回来。

同样，我们说一个人适合做销售，是因为他性格外向吗？其实是因为他对别人的评价、攻击以及不接纳没有那么敏感罢了。

所以，你还认为是自己性格内向、不善言谈才交不到朋友吗？并不是这样的。真正的原因是，你对别人的态度、评价过分敏感，却又不愿意试着对别人敞开心扉。你像鸵鸟一样把自己埋进沙堆里，让别人看不到你，这样的你怎么可能交到朋友？

承认自己想要融入社交的强烈渴望，同时学着降低你对别人评价的敏感度，学会不那么在意别人对你的看法："爱谁谁，我开心就好！"这才是你让自己性格变开朗的第一步。

你看，性格内向也没什么好焦虑的，对不对？所以，对内向的人来说，首先要做的是——接受自己的本性。

其实，我也是个性格内向的人，不喜欢应酬和泛泛的交际，跟生活中大多数人一样，有时候内心戏也特别多，但是这并不妨碍我成为一名出色的主持人，不妨碍我成为心理咨询师、成为一家创业公司的老板，而且我的闺密、哥们儿也特别多。因此，内向并不影响事业的成功，也不影响家庭的幸福、人际关系的交流。外向型和内向型的性格其实各有各的好，你只需要学会如何善用它们。

那么，我们可以从哪些维度来认识自己的人格呢？

心理学领域关于人格的理论非常多，近些年广泛被认可的是BIGFIVE（大五人格理论）——麻省理工学院的心理学教授用来解释人的人格和个性的五个模型，它们分别是：

开放性（openness）：表现出喜欢想象、有审美情趣、情感丰富、求异、爱创新等特质。

责任心（conscientiousness）：表现出公正、条理、尽职、成就、自律、谨慎、克制等特质。

外倾性（extraversion）：表现出热情、社交、果断、活跃、冒险、乐观等特质。

宜人性（agreeableness）：表现出信任、利他、直率、依从、谦虚、移情等特质。

神经质或情绪稳定性（neuroticism）：表现出平衡焦虑、敌对、压抑、自我意识、冲动、脆弱等情绪特质，即是否具有保持情绪稳定的能力。

如果一个人的神经质表现得非常突出，情绪稳定性特别差，那么他就有发展为人格障碍的可能。

什么是人格障碍呢？就是这个人的人格特质已经严重影响到了他的工作和人际交往以及正常的生活了。比如，以个性偏执为主要特征的偏执型人格障碍、以过度焦虑为主要特征的焦虑型人格障碍、以违法乱纪对人冷血无情为主要特征的反社会型人格障碍、以常常情绪突然暴发伤人伤己且难以自控为主要特征的冲动型人格障碍、以过度缺乏自信不能独立生存和生活为主要特征的依赖型人格障碍、以过分夸张自恋的言行吸引他人注意的表演型人格障碍，还有过分严谨苛刻追求完美的强迫型人格障碍等等。

我们常说心理疾病、心理存在问题，到底怎样才算得上心理有问题、有疾病呢？就是他存在上述严重的人格障碍或者是焦虑、抑郁、强迫等神经症，而且这些症状已经严重影响到了他正常的工作和生活！

在这里，我必须提醒你，千万别对号入座！也不要随便给自己或别人贴上"心理有问题"的标签，大部分人只是有焦虑的情绪和心境而已，离心理问题还差得远呢！

谁没有神经质的时候？谁的情绪又能像水平面一样，一直保持平静、稳定、波澜不惊？谁又不会心情突然跌到谷底，偶尔负能量一下？

心理学的作用就是帮助我们重新整合和发展我们的人格，也就是帮助我们面对和解决第五种人格类型（神经质和情绪稳定性）带来的人生问题。而其他四种因素——开放性、责任心、外倾性、宜人性，可以被看作是积极的人生能量。心理学通过对我们进行神经质和情绪稳定型的调试，能让我们变得更加开放、更加有责任感、更加外向开朗热情、更加宜人。"活出本真，爱人悦己"，这就是心理学对我们最大的作用。

想让自己成为更好的人，这本没有错，可是完美是追不完的，盲目地追求完美只会让自己陷入一种疯狂的怪圈之中，却对追求过程中失去的东西浑然不觉，很多时候甚至都会给自己和他人造成很多不必要的负担，让自己活在"完美"的阴影之中。

改变能改变的，接纳那些不能改变的

心理学最重要的功能就是教会了我们要自我接纳。什么是自我接纳？很多人认为，自我接纳就是："我不成功、不幸福，我接受这个事实，知足者常乐嘛；我脾气性格不好，情商也不高，说话直总是得罪人，还爱偷懒，可我就是这样的啊，我就是我，自我接纳嘛。"

我不得不再次提醒大家，这样理解大错特错！这不叫自我接纳，是你在给自己的拒绝成长找理由。

真正的自我接纳是什么呢？是我们能够真实地面对自己的一切不完美，接受那些不能改变的，努力改变那些能够被改变的。

什么是不能改变的？比如，你的原生家庭和你的父母，即使他们曾经伤透了你的心，你也无从选择。这已经是不能改变的事实。再比如说，你的身高、你的长相、你的身材，除非是去做整形，否则这些也是不能改变的。又比如说，你的智商、你是不是左撇子、你带有家族遗传的先天性疾病或是先天缺陷、你的基因、你的脾气性格等等，这些都是不能改变的。尤其是那些已经发生过的事，谁欺骗了你，谁伤害了你，除非有时光穿梭机能带我们回到过去，否则也是不能改变的！

对于这些不能改变的，我们只能接纳，不再纠结，不再陷入痛苦的"凭什么对我不公平"的内心煎熬里，彻彻底底地照单全收，摊开双手，接受一切，不再为这些不能改变的事实浪费一丝一毫的精力。

那么哪些是能改变的呢？虽然你的身高、长相、身材不能改变，但是你可以通过化妆、美容、穿衣搭配、健身，来让自己看上去更美好、更整洁、更挺拔呀。

你的智力和智商不能改变，但是你可以通过加强学习来拓宽自己的眼界，丰富自己的头脑。哪怕学得比别人慢点，但是通过努力一样能学会嘛。

你的脾气个性不能改变，但是你的语言表达能力是可以通过练习提高的，你的情商和为人处世的方式是可以学习和成长的。

凡事都有两面性。那些过去的事，那些让自己倍感受伤的事，确实已经不能改变。可是那些伤害过我们的，终将促使我们变得更强大，因为当我们有足够的勇气揭开过去的伤疤，直面真实的自己时，我们才懂得如何好好疗愈自己的伤口。更何况，即便是你的原生家庭，你也一样可以跟父母和解，学习做自己的"父母"，重新养育自己、好好爱自己，对不对？

一念之转，两种完全不同的人生。

当你完完全全地接纳了生命中那些不能改变的，不再跟它们较劲；当你能够真真切切地看见自己身上的诸多不完美，并尝试着去改变，去自我完善、自我成长。我相信，这样的你已经真正懂得了什么是自我接纳，你内心的焦虑感也会大大消减。这个时候，无论是成为更好的自己，还是更好地成为自己，对你来说都不重要了。重要的是，你已经成为自己，并在努力地成为更好的自己！

改变你能改变的，接纳你不能改变的。这应该是我们每个人终生学习和思考的课题。真心希望每个人都真正懂得如何去做。

生活本来就没有标准答案，按照自己的节奏来吧

每个人的人生都有其有限性和局限性。有限，指的是自己现实的条件不能达到的。而局限，指的是自己现有的认知不能达到的。

举个简单的例子。比如说，你非常渴望嫁给"男神"彭于晏，或许你通过不断地自我精进、自我提高，不断地创造机会，有朝一日，你也可能见到你的"男神"，跟他成为朋友甚至嫁给他。虽然这只有亿万分之一的希望，但希望是存在的。不过，就眼下你的条件来说，你肯定是实现不了的。这就是你的有限性。

如果你是为了这亿万分之一的希望而活，还是脚踏实地一点，找到旗鼓相当的男孩子试着交往看看。这就叫认识到自己的有限性。

再比如，你很想拿到投资自主创业，但是你对创业毫无概念，你也不知道目前市场上哪个领域是红海，哪个是蓝海，哪个更有可能被投资市场青睐。这就是你的局限性。

那么你现在要做的，不是盲目地给自己打鸡血，而是要更脚踏实地一点，先找个工作养活自己，与此同时，提升认知、拓宽眼界、增长才干、丰富技能，而不是停留在空想里。这就叫认识到自己的局限。

能否认识到自己的有限和局限，在我看来，这是智慧务实者和愚蠢愚昧者之间的本质区别。假如你一直看不到自己的有限和局限，盲目地陷入跟别人的攀比中——"凭什么他有我没有，凭什么他行我不行。"这样的你想不焦虑都难！可是赖在地上哭闹着不肯起来，那是小孩子的做法，是没用的！你需要做的是，像个成年人那样掌控自己的生活——摆脱受害者心态，承担起生活的责任，学会为自己负责，然后去行动，去努力，去为自己创造条件，提升认知和眼界，这才是逆袭的正确姿态。因为，你才是你生活的第一责任人，你才是你人生的第一塑造者。

如果把我们的心灵比作一张地图，那么，找出自己能改变的、不能改变的，找到自己的有限和局限，就等于是给自己的心灵地图画好了"经纬线"。如果你在"经纬线"上设立好了关键的刻度、核心的坐标，你的人生发展路径就会逐渐地清晰、明朗起来，这样，你就不会盲目焦虑、盲目攀比、妄自尊大，更不会妄自菲薄了。生活本来就没有标准答案，按照自己的节奏、步调来！不跟随，做自己！

本章小结：

在这里，我给大家布置一个作业。请大家在一张纸上画出自己的人生经纬线，并列出以下四项：

一，无论你怎么努力也不能改变的，然后用笔划掉它；

二，通过你的努力能够改变的，画上红线，加粗；

三，哪些是自己现有的条件，找到自己的有限，在后面加个破折号，设定一个够得着的小目标。比如现在我只有 2 万块存款，暂时买不了房子和车，但 2020 年我打算攒够 20 万；

四，哪些是自己目前的认知和理解，找到自己的局限，在后面打问号，过一阵子再来看。比如现在我认为"稳定的工作就是好工作"，问号，真的吗？然后等 5 年以后再来看看，你也许会觉得："天哪，原来稳定的工作是最容易被人工智能替代的，可怕。"

试着清晰地画出自己人生的"经纬线"，你的人生才会越活越清晰，这才叫真正做自己。

第七章
行动力强的人才好命

　　你一定听过这样一则寓言故事：从前，有一只小狗，它日日苦思，找不到生存的意义。一天，它问狗妈妈："妈妈，妈妈，幸福在哪里呢？""幸福，就在你的尾巴上。"妈妈说。于是，小狗就开始忙于追逐自己的尾巴，想把幸福攥在手心里，可是却怎么追也追不上。"妈妈，妈妈，我要怎样才能抓住幸福呢？""傻孩子，"狗妈妈轻轻一笑，"抬起头，向前走，幸福就跟在你身后。"

　　这则寓言告诉我们这样一个道理——很多时候，忘我才能够创造幸福感。

　　焦虑如我们，其实就像这只一直在追寻意义的小狗，整天追着目标奔跑，整天为结果担心、发愁、惶惶不可终日，却并没有真正投入其中，也并不真正懂得追求的意义。

不焦虑的生活就是：吃饭时吃饭，睡觉时睡觉

　　玩过电子游戏的人一定知道这样的感受：全情投入，时间仿佛静止，一切的情感、情绪都在跟着游戏的发展而起起伏伏，自己仿佛置身于一个真空里，又仿佛进入了另外一个世界，分不清虚拟与现实，甚至别人喊自己都听不见……时间一晃就过去了大半天。游戏为何如此吸引人？因为它创造了沉浸感。

　　沉浸感就是让人专注在当前的目标情境下感到愉悦和满足，而忘记真实世界的感受。它可以帮助我们创造出一个单一的、被隔离的环境。比如，这几年很流行的"沉浸式戏剧"；再比如，你在电影院刚看完一部引人入胜的电影，当字幕缓缓升起，灯光亮起的时候，你有什么感觉呢？没错，仿佛刚才的电影营造了一个把你跟现实世界隔离开的空间。电影结束，你才又回到了现实世界。

　　再比如，心理咨询的过程中，咨询师与来访者之间建立的安全关系也可以被认为是一种沉浸。有很多的来访者走进心理咨询

室以后，他会感觉到这是一个非常温暖、安全、接纳他的空间，他在这里能体会到前所未有的全然放松，仿佛把自己和痛苦的现实世界隔离开了。因此，沉浸感是一个可以降噪的真空，容我们留在属于自己的世界里。待在这样的世界里，我们拥有自己的节奏，好像一切都可以不疾不徐地进行着，而不用担心自己被外界带着跑，这样的我们当然不会焦虑。

从某种程度上说，沉浸感其实就是专注力。

大文豪马克·吐温曾说："只要专注于某一项事业，就一定会做出使自己感到吃惊的成绩来。"美国思想家爱默生也曾这样描述专注对人生的意义："专注、热爱，全神贯注于你所期望的事物上，必有收获。"

什么是专注力呢？一个著名的禅宗故事也许可以给我们带来启发。

小和尚在寺庙修行很长时间，仍不得要领，问老和尚："师父啊，怎么修行才最好？"

老和尚回答："吃饭的时候吃饭，睡觉的时候睡觉，打坐的时候打坐。"

小和尚觉得很奇怪："我不正是这样吗？"

老和尚回答："你吃饭的时候在想睡觉，睡觉的时候在想打坐，打坐的时候在想吃饭，此不同也。"

很多时候，我们貌似在很认真地忙碌，但其实一切都是那么地心不在焉。我们吃饭的时候，看手机，刷微博，一顿饭下来，肚子是饱了，但吃了啥，没注意。好不容易有个时间散散步，可是心里想着工作，耳朵听着歌曲，眼睛盯着美女……在当今这个社会，有很多人活得太心不在焉了！

其实，集中精力心无旁骛地花心思做某一件事情，是一种非常愉快的体验。而且，因为不用去想太多与当下无关的事情，我们整个人会静下来，内心一片澄净，世界一片空白。这样放松的时候，又怎么可能会焦虑呢？

心理学研究表明：当你全身心投入一项你喜欢的活动时，不可能会产生焦虑情绪的。为什么呢？因为一旦你专注于整个过程，不受外界的干扰，没有内心的焦躁，只有踏实的全力以赴，那么，你会忘记自我，忘记时间的流逝，忘记事情本不易，你的内心不会感觉恐惧，更不会气馁。与此同时，大脑会产生特殊的 α、β 脑波，让你进入警觉放松的状态，阻断你内在的自我批评、犹豫不决或负面的思想。在那种状态下，你连疼痛都不敏感，更别提焦虑了。

心流状态是最可控、最值得追寻的幸福感

那对于整天抱着手机刷刷刷，被各种信息包围、被媒体制造和贩卖的焦虑氛围所影响的现代人来说，又该如何获得沉浸感、培养专注力呢？

别急，我这就带大家一起寻找答案。

其实，专注投入地做一件事情从而获得愉悦感体验的状态，可以看作是一种"心流（Flow）体验"。什么是"心流体验"呢？这是积极心理学领域非常著名的理论。

著名的积极心理学专家、美国芝加哥大学教授米哈里·奇克森特米哈伊于 20 世纪 60 年代开始观察艺术家、棋手、攀岩者及作曲家等，他观察到，这些人工作时几乎是全神贯注地投入，经常忘记时间、失去对周围环境的感知，而且，他们参与的活动都是出于共同的乐趣，他们享受整个活动的过程，不在乎外在的报酬。奇克森特米哈伊把这种全神贯注、全情投入于某种活动，并享受其中，从而获得高度的兴奋感和充实感的忘我感觉称为"心

流体验"。他认为这是一种最佳的体验，认为它是人们获得幸福、平静，祛除焦虑感的一种可能途径。

这让我想起了日本的寿司之神小野二郎。小野大师专注做寿司六十载，不仅选用最好的食材，还特别关注食材的处理。比如，章鱼至少要按摩 40 分钟才能上桌，米饭的温度和人体温度保持一致……他努力的目标就是，让食物以最佳的状态、最美味的理想时刻呈现在食客面前。他说："我一直重复同样的事情以求精进，总是向往能够有所进步，努力达到巅峰，但没人知道巅峰在哪儿。我依然不认为自己已经足够完善，我爱自己的工作，一生投入其中。"

这就是奇克森特米哈伊描述的人们进入心流时的状态吧——"你感觉自己完完全全在为这件事情本身而努力，就连自身也都因此显得很遥远。时光飞逝。你觉得自己的每一个动作、想法都如行云流水一般发生、发展。你觉得自己全神贯注，所有的能力被发挥到极致"。

专注而全情地投入到自己所热爱的工作中，给小野二郎带来了最幸福的人生体验——心流。

反观我们现代人，整天都在讲慢生活，讲静达雅，倡导修养心性，却并没有真正享受到静达雅，活出人生的惬意与美好。为什么？因为我们没有获得这种心流体验的能力，所以一切都是空谈。我想，这也是现代人越来越没办法专注于当下，活得越来越焦虑、越来越没耐心的原因吧。

文章太长，我们没耐心看，看看标题就丢一边，于是催生出了太多的标题党；视频音频最好三分钟内能看完、听完，如果能像抖音那样 15 秒完事儿那更好，于是短视频越来越流行，有深度的内容无人问津；而年轻人离职的间隔时间变得越来越短，不断地离职跳槽几乎成了他们的生活方式，对工作、对专业都不再专注，对任何一家单位都不再有忠诚度。因此，现代人想要在工作中获得"心流体验"也变得越来越难。

对待感情呢？闪婚、闪离、劈腿、婚外情，或者干脆懒得结婚也懒得恋爱。我们现代人活得太忙了，能拿走我们注意力的人和事真的太多了，我们全情投入某一段关系的体验也变得越来越少、越来越困难。碎片化的信息、碎片化的知识、碎片化的时间将我们的注意力全部打散成碎片，因此焦虑得以疯狂滋生和蔓延。

可以说，心流状态是最可控、最值得追寻的幸福感。尝试着找回我们的心流体验，不仅能大大缓解我们的焦虑，而且还能活出人生的适意和满足。

做自己真心喜欢的事情，更容易获得心流体验

我之所以说是找回心流体验，是因为其实每个人在孩童时期，都拥有心流的能力。比如，我们废寝忘食地跟小伙伴玩游戏或是看动画片的时候，我们全情投入到连妈妈喊回家吃饭都听不见。

心流能够带给人们积极的情绪体验，这毋庸置疑。心理学研究表明：处于心流中时，人们会因为接受了挑战、发展了新技能而感到力所能及，这种感觉棒极了！这不仅让人们获得了掌控感，从而缓解焦虑，同时提升了人们的自尊感，促使他们更愿意学习、表现得更好。而且，工作时专心致志，置心一处时那种浑然忘我的感觉，能让人更高效地完成自己的工作，还能够促进同事之间的关系。

心流带来的积极作用太多了！接下来，我带大家一起来学习如何重新找回"心流体验"：

第一步，找到你内在真正有动力、想要去挑战的事，也就是你真正感兴趣的事去做。

奇克森特米哈伊在他的著作《生命的心流》这本书中举了这样一个例子：他说，"假如一个厌恶数学的学生，你想让他定下心来读微积分，这恐怕相当困难。除非动机格外强烈，比如为了通过考试，否则是做不来的。一般来说，心里越挣扎，就会越难以集中注意力。但是假如非常热衷于此事，又动机十足，那么纵然有万般困难，或者是非常棘手，也能够轻而易举地达到全神贯注的境界"。

因此，你要找到你的动机，而且最好不仅仅有外部动机，还要有内部动机。

比如说，你很勤奋地工作，外在动力是你想多挣点钱买车、买房，实现经济和人格的自由独立。在这个基础上，你还非常热爱这份工作，每天一上班或者工作一上手就精神满满、活力四射。那么恭喜你，你的内在动力和外在动力都很强，在工作中获得心流体验的幸福感，对你来说就是一件很容易的事。

遗憾的是，生活中有很多朋友可能在第一步就卡住了：活了这么多年，我的问题不是无法专注，而是根本不知道自己到底对什么感兴趣，这该怎么办？

答案也非常直接和简单：别懒，赶紧动起来，你要去尝试更多的事情，就像你面前有一大盘各式各样的水果，你不亲自拿起来挨个尝一尝，只是站在那里问别人："嘿，你说我到底会喜欢吃哪一个？"拜托，找到自己的兴趣这事儿，别人怎么帮你？！你不能一边又懒又不肯行动，一边却在不断地抱怨找不到人生的兴趣和热爱的事。不多尝试，神也帮不了你！

第二步，你要有对"挑战的难度"与"自己技能的掌握程度"进行客观评估和调整的能力。

比如，你想赢得公司一位男神的青睐，可是你的外形、学识、能力跟他的差距太大了，怎么办？赶紧学习、成长、变美、自我提升啊！爱本来就是一种积极的能量，这样，你不仅有可能赢得他，还能赢得一个更好的自己！

所谓的心流状态，就是挑战和技能相匹配的最佳状态。所以当你发现一件事情充满挑战，自己却心有余而力不足时，应当及时学习新的技能以应对挑战。相反的，当挑战一件事情让你感觉游刃有余时，你可以适当增加难度，这样也能够帮助你更好地进入心流的状态。

第三步，设立明确而具体的目标，并主动寻找反馈。

比如，如果你给自己设定的目标是，这辈子要赚够一个亿，那我会直接告诉你，没戏。因为目标太大、太空、太不具体了！如果你的目标是，明年我要让银行存款多出 20 万，意味着我每个月要存进去至少 15000 块钱，如果我现在的工资是每个月 1 万块，那么我可能需要通过学习新技能换一个月薪 2 万的工作，或者是找一份每月能赚 1 万多块的兼职，这样我就有可能实现目标了。然后，每个月只要自己往银行账户里存了 15000 元，就小小奖励一下自己，去看场电影，做个 SPA 或者来一次短途旅行，总之，要经常性地给自己积极的反馈。这就叫作目标明确，及时反馈。

当目标越明确时，我们对于自己能否胜任这件事就越有把握，也越能够专注地努力，而不会左顾右盼、犹豫拖延。而寻找反馈，能够帮助我们根据反馈及时做出调整，避免反复碰壁而消耗热情与精力。

除此之外，你还要学会主动减少外界的干扰，比如，当你在听培训课的时候，还不停地回微信、刷淘宝，那怎么行呢？在你准备开始投入任何一件事之前，你需要了解哪些因素容易对自己造成干扰，并提前阻止它。

找到自己这一生的热爱，忘我、全情地投入，我觉得是人生中最重要的事情。愿你我都能活出这样的美好！

敢于尝试，敢于冒险，敢于探索新世界的女性，都心有猛虎，又能细嗅蔷薇。这样的女人，何惧焦虑？又怎么可能陷入焦虑？

人有"外貌"，也有"内貌"

著名作家周国平在他的《碎句与短章》中说："最优秀的男女都是雌雄同体的。"怎么理解这句话呢？意思是每个女人心里都住着一个男人吗？

"阿尼玛"与"阿尼姆斯"是瑞士心理学家荣格提出的两种重要的心理原型。阿尼玛原型指的是男性心中的女性意象，或者说是男人心里女性化的那一面；阿尼姆斯则为女性心中的男性意象，也可以说是女性心里男性化的那一面。在荣格看来，人有"外貌"，也有"内貌"。外貌也叫"人格面具"，指的是一个人公开展示给别人看的那一面，是世人所见的外部形象，比方说从外表看你是个男人或者是个女人。与之相对应的，男性心中的"阿尼玛"与女性心中的"阿尼姆斯"则可看作是个人的内部形象，即"内貌"。

就如同女人的身体里有雄性激素，男人有雌性激素一样，我们的心理也是如此，每个人都有异性化的那一面。要不怎么会有感情不顺的"女汉子们"自嘲说："本来想找一个大哥一样的男人，结果自己活成了女人的大哥。"

一提到男性化倾向，我们想到的肯定是这样一些词：勇敢、果断、坚强、义气、沉稳、负责……其实，我们女性如果发掘自己内在的男性化气质，那么在处理和管理情绪以及发展自己方面，是非常受益的。

确实，现实中所有优秀的女性都是雌雄同体的——她们兼具男人的坚毅和理性、女人的细腻和柔情。古有写出"生当作人杰，死亦为鬼雄。至今思项羽，不肯过江东"的宋代女词人李清照，比丈夫赵明诚还要豪情、坚韧、刚强；被后世称为"巾帼宰相"的上官婉儿，凭过人的才情驰骋官场，权倾朝野，杀伐决断，丝毫不输男人。今有眼界开阔、格局广大、尊卑自如的杨绛先生；自豪地说"是我今天特地抽空陪他来买菜"的李安老婆林惠嘉等。她们有温度，却又不失智慧；有力量，却又不失温柔，知世故，却不随波逐流。

行动力强的人才好命！

有一次，我采访一位知名女作家。我问她："假如时光能够倒流，你会给 20 岁时的自己哪些忠告呢？"她说："我会告诉那时的自己：女孩，别把更多的精力花在处理情绪上，要去行动。"

女人为什么会容易情绪化呢？脑科学家们通过磁共振等方式对男性和女性的大脑结构进行分析后得出结论：女性比男性更容易激活她们大脑中的杏仁体而对消极情绪做出反应。

杏仁体也被称作原生恐惧中心，是用来处理情感记忆的。对女性来说，每一次激发杏仁体活力的消极情绪，都会在她的情感记忆里留下不舒服的痕迹。在往后的生活中，每当有类似的情境出现，女性会马上调动自己的情绪记忆，很容易就陷入焦虑、担心、害怕、沮丧和愤怒的情绪里，即使所谓的坏事还没有发生。女人将之称为"第六感"，但其实是她们的情感记忆被触发了而已。

因此，每当压力来临，女人们都先忙着去处理情绪了，大量的"哎呀，凭什么，这不公平，我委屈，我愤怒！"如潮水般将自己围裹了起来。然而，事情依然摆在那里，并没有因为女人情绪暴发而得到解决，局面反而变得更加糟糕了。

这个时候，男人通常会怎么做呢？他们当然也有情绪，但他们不敏感于此，更不会耽搁于此，相反，他们的大脑会对事情的结果做出反馈，当下考虑的不是"凭什么"，而是"怎么办"，因此，他们会迅速让自己冷静下来，让自己行动起来，着手先把问题解决掉，再来处理情绪的问题。

反观我们女性，各种各样的情绪太过丰富，行动力却不强，因为停留于指责、抱怨等负面情绪，当然要比行动起来解决问题容易得多。

当你在为男朋友昨天一直不回信息而生气、焦虑的时候，也许身边某个你们成天嘲笑的胖姑娘正在努力、坚持不懈地完善自己、提高自己，一年坚持下来，她瘦了30斤，同时还顺利地晋升为公司最年轻的高管。成为更美好的自己，她强大的行动力也让老板对她刮目相看。

成为哪种女人会更有魅力呢？当然是后者！人们常说，"爱笑的女人才好命"，其实，在我看来，行动力强的女人才好命。

好的人生，从来都是敢于走出舒适区

　　美国《大西洋月刊》曾经发表过一篇专门讨论关于男女自信的落差的文章。文中提到："大量的研究数据表明，女性没有男性自信，但就成功者的素质来说，自信和能力一样重要。可是，女性在心理上有一场特殊的危机，便是不自信。"

　　美国加州大学社会心理学家布仁达·梅杰曾经做过这样一项测试：他让男性和女性面对同样的任务，并列出自己认为能完成多少任务。测试的结果表明，大部分男性都认为自己能够完成，而大部分女性选择了"完不成"，但其实，被测试者的能力是差不多的。

　　女性的不自信其实反映在很多事情上，比如，面对选择时不敢做决定，面对挑战时逃避，面对机会时白白错过，而这背后有一个共同的心理特质——不敢冒险。

　　不自信是导致焦虑的直接根源。那自信从哪儿来呢？一个人的自信并非只来自别人怎么看自己，别人是不是认同自己，有没有对自己大加赞赏。对孩子来说，并不是父母每天说："宝贝，你是最棒的！"他就真觉得自己是最棒的，这样的家长只是让他感受到温暖、赞赏、支持，创造了有利于他的自信心生长的环境罢了。

心理学研究表明，一个人真正的自信来源于两方面：一是那些有把握的事情，我们叫它"经验"。另一个是那些没把握的事情，我们叫它"挑战"。而随着一个人人生经验的积累，只有多去尝试冒险的事情，而不是一直待在舒适区重复有把握的事情，自信心才会逐步增强。要知道，自信虽然是一种相对稳定的人格特质，但它也会随着生活境遇的改变而不断变化。自信这家伙，你不努力培养它，它就有可能衰弱，有时候，年龄越大，自信心反而越衰弱。

但对大多数女性，尤其是有了孩子以后，跳出舒适区是非常困难的，她们本能地愿意待在更安全、更熟悉的环境里。这也就意味着，她们丧失了对未知和新鲜事物的好奇心，丧失了冒险的勇气，久而久之，面对变化，她们就会越来越焦虑，越来越没自信。

卡耐尔心理学家大卫·邓宁曾经在一门很难通过的博士生课程上发现了这样一个心理现象：当考试通不过时，男生的反应是"这门课真的太难了"！这是一种向外归因。而大多数女生的反应却是向内归因，找自己的错，得出的结论是"还是我没学好"。

女性的这种"都是因为我不够好"的心理，会让她们在面对金钱、自由和权力时表现出强烈的不配得感——一边是自己内心切切实实的渴望，一边却在拼命地压抑渴望。她们内心深处总有一个声音在对自己说："我还不够好，所以我不配赚到这么多钱，不配享有高度的自由，不配拥有更高的权力和职位。等我变得完美了，这一切我才敢去争取。"这种不配得感会让女性完全压抑自己的野心，变得毫无竞争力。

心理学研究表明，在学校里，乖乖女更容易得到老师的表扬，因为她们很配合、很顺从，不会给管理带来难题。但事实上，乖乖女进入社会之后，相比机灵、调皮、敢为自己争取的女生，她们的社会适应能力要差很多，而且，由于常常自我压抑，她们也更容易患抑郁症。

在学校里，乖乖女们常以自己优异的学习成绩和讨人喜欢的个性赢得机会，于是她们进入职场之后依然还是埋头苦干型，认为是金子总会发光，于是等着别人发现，等着机会降临。殊不知，人生的游戏规则早已经变了。职场跟学校不一样，职场更青睐那些大方展露野心的人，你要先勇于表达自己"想要"，机会才会分配给你让你试一试。试想，哪位老板会把机会给那些看上去很佛系、从不表达自己、从未表现出渴望机会的人呢？

金钱、自由、权力的背后，其实代表着一种强烈的自我认知——我是不是值得得到更好、更多？我来帮大家回答吧——"是的，你值得拥有更好的人生。"所以，大方说出你想要的吧，这样你才有机会得到自己想要的！

把野心写在脸上，不压制，不羞涩。这样的女性，我很欣赏！

有一种教养叫——不含敌意的坚决

其实，男性身上有很多闪光点，值得我们女人好好学一学。比如说，攻击性。人人都有攻击性，它跟我们的性格没什么关系，只是每个人表达攻击性的方式不同。一般来说，攻击性具体可以分为三种：

第一，向外的攻击性，表现为强势、有力量感和杀伤力，甚至暴力行为。例如打架、吵架、刀子嘴等，其中，性行为中也蕴含着攻击性。

第二，向内的攻击性，表现为内疚、自责、自我怀疑、自我贬低、自我憎恶，这是更加糟糕的表达方式，也是造成抑郁症的直接心理原因。

还有一种攻击性常常表现在关系中，叫作"被动攻击"，他们的内心充满愤怒和不满，但又不直接将负面情绪表现出来，而是表面服从，暗地里却敷衍、拖延、不予以合作、私下抱怨。例如，有话不好好说，冷嘲热讽，夹枪带棒；或者絮絮叨叨，总是抱怨；

或者表现得冷漠、被动、拖延、不配合。内心的真实感受从不表达，甚至故意说反话，用以上的方式激怒对方，而自己却表现出无辜和委屈。

在以上三种表达攻击性的方式中，男性倾向于使用第一种，而女性则惯常于使用第二种和第三种。

那么，女性要如何向男性学习攻击性的正确表达呢？以理性的、平和的态度说出你的不满，不故意制造冲突，但又不刻意回避冲突。

说得通俗一点，就是没事不找事，有事不怕事。

如何理性地表达不满？心理学家科胡特给出了非常棒的答案——"不含敌意的坚决"。我不同意你，我坚持我的，但是我不贬低你、不挫伤你、不对你进行任何形式的攻击，我只是不同意你——比如，你言语上冒犯了我，我告诉你你不可以这样做，但是我并没有攻击你，我只是坚持自己的态度，你不可以这样，你也不可以再有下一次。

错误的方式是什么呢？要么是，我心里攒着对你的不满，但我不说，因为怕说出来伤了和气，可是自己却憋出了内伤，觉得自己真怂，好欺负；要么是，我攒着心里的不满，当下不说，以后再遇到合作，我故意拖延，不配合你，或者我酸溜溜地刺激你。这两种攻击性的表达方式都是病态的，只会增加我们的内耗，对我们的心理健康、人际关系和事业成就都极为不利。

所以，我们要像个男人一样，勇敢而又及时地表达你的不满和愤怒，表达你的攻击性，但我们表达的方式可以不像男人那样粗暴，只需做到"不含敌意的坚决"就够了。

⤵本章小结：

　　找到自己这一生的热爱，忘我、全情地投入，一旦你专注于整个过程，不受外界的干扰，没有内心的焦躁，只有踏实的全力以赴，那么，你会忘记自我，忘记时间的流逝，忘记事情有多么艰难，你的内心不会感觉恐惧，更不会气馁。

第八章
如何拥有完美的亲密关系

每一次做心理学的大型公开课、演讲和培训，我都会讲到一句话："所有的人际关系都是互动的结果，一定是你做了什么或者没做什么，你们的关系才成了今天的样子。请记住，没做也是'做了'，你做的事就是你啥也没做。"这句话的原创并不是我，是我的德国心理学教授说的——在关系中，有时候是做错，有时候你的不作为也是错。这句话用来诠释关系非常精妙，可以说有着醍醐灌顶的功效。

心理学家约翰·哥特曼有一个爱情实验室，经实验研究，他发现，只要花15分钟时间去观察一个房间中一对情侣独处时的对话模式，就可以判断他们会不会在未来4年内离婚，这个判断的正确率在85%以上。

其实，这个研究结论最大的判断依据就是观察男女沟通时相互的感觉，即谈话态度、身体姿势、两人之间的距离、面部表情、声音高低等，正是这些谈话内容之外的表情、动作折射出了伴侣间未来关系的走向。由此，研究给出了四种破坏亲密关系的消极模式——防卫、批评、筑墙、蔑视。

好的婚姻、好的关系，不是某一个人的事

有一个非常有趣的、具象的人际关系互动模型，叫双人舞效应。

什么是双人舞效应？我觉得，李安及夫人林惠嘉之间的互动和相处就很好地诠释了"双人舞效应"。

在自传《十年一觉电影梦》里，李安开玩笑地说道："我想我如果有日本丈夫的气节的话，早该切腹自杀了。"他为什么如此感慨呢？因为毕业快 6 年，他一事无成，窝在家里当起了家庭煮夫，每天做做饭、带带孩子，一边写剧本，一边等老婆回家。全靠妻子林惠嘉赚钱养家糊口。

当时，李安对自己也产生了怀疑，悄悄开始攻读电脑课程，想转行找工作。

林惠嘉知道以后，大骂："做电脑的人那么多，不缺你一个。你还是专心搞你的电影吧。"

后来，李安拍出了《推手》《喜宴》《饮食男女》《阿凡达》等

触动人心的经典影片，成了闻名世界的大导演，获得两次奥斯卡最佳导演奖，一次全球奖最佳导演，两个威尼斯电影节金狮奖，两个柏林电影节金熊奖。

李安能有如此成就，当然离不开"背后女人"林惠嘉的全力支持。

李安和林惠嘉，一个精神强大，独立又有主见，懂得理解珍视并全力支持老公的理想和追求。一个温柔细腻，有理想和责任感，可刚可柔，乐于分担家庭生活的另一种责任，但也从未放弃他的斗志。

这就是"双人舞效应"。好的婚姻、好的关系就像跳双人舞，不是其中某一个人的事，它需要两个人默契地配合，一起好好地经营——你进的时候我退，我退的时候你进，能充分考虑、理解对方的感受，相互扶持、共同成长、彼此成就。

他们变成今天这样，一定有你的一份功劳

关系出了问题，通常会出现两种心理现象：

第一种，也是最常见的——我们认为这一切都是别人的错。比如受害者情结，我们会觉得，"我现在的不好，都是你害的"。即便情节没有那么严重，但我们通常都会将关系处理得不够好的原因归咎为遇人不淑。

例如，老公出轨了，都怪我遇到渣男，我倒霉遇到小三。于是越来越委屈，越来越愤怒，恨不得将这对狗男女昭告天下，恨不能让全世界审判他们，恨不能杀了他们！可是我们或许很少去想——相遇之初，他也曾体贴、顾家、懂得珍惜，所以我们才放心地把自己的一辈子交付于他。如今的他又是怎么变成渣男的呢？这中间自己有没有责任？即便他天生渣男，那自己是不是也有辨人、识人不清的责任呢？能够这样理性、真诚地面对并处理好丈夫出轨问题的女性，最终有可能挽救婚姻，因为她们懂得从自身寻找问题，懂得自我反思。要知道，当初值得托付一辈子的

老公会变成今天这样，作为妻子的，一定有一份"功劳"！

好的伴侣都是精心培养、调教出来的。他们变成今天这样，一定有你的一部分原因。如果你希望他变得更好，那就从自我觉察、自我改变开始吧。

再比如，工作学习出了问题，我们的习惯性思维是——都是别人的错。我学习不好，是因为这届老师水平不行，老师没把我教好；我工作干得不好，是因为我老板讨人厌呀，我一看到他就烦，又怎么能好好工作？同事一个比一个算计、矫情，大家的注意力都不在工作上，在这样的环境里，我还怎么好好工作呀！

我们可以想见的是，能够在学习、工作中做出成绩的人，都不是持有这种心态的人。持有这种"一切都是别人的错"的观念，你的事业永远不会成功、情感永远不会幸福。因为，你不肯为自己负责，你的一切都要别人来负责。这样的你，思考问题就像没断奶的孩童，完全无法对自己的人生负起责任！

著名作家周国平曾说："我们活在世上，不免要承担各种责任，小至对家庭、亲戚、朋友，对自己的职务，大至对国家和社会。这些责任多半是应该承担的。不过，我们不要忘记，除此之外，我们还有一项根本的责任，便是对自己的人生负责。"

能对自己的人生负起责任，这是一个人成熟的标志。一个人也只有肩负起让自己快乐、幸福的责任，才有可能得到真正的快乐、幸福！

当关系出了问题的时候，理智的态度是——"这件事，我也有责任"。能够认清这一点的人，"在这个糟糕的关系中，我也没起到好的作用"就是很好地理解了人际关系中的"双人舞效应"，心态上也相对成熟了。什么是"双人舞效应"呢？顾名思义，就是在关系中能够自如地掌握进退的距离，所有行为的出发点都是以关系为考量，为的是让关系和谐美妙地维持下去，更在意两人关系的和谐程度，而不是完全以"我"的感受为中心。

一段关系中，如果"我"加"你"并不等于"我们"，我还是我，你还是你，那么无论是谁，都可以取代关系中的任何一方。只有"我"中有"你"，"你"中有"我"，双方彼此的舞步是进还是退都根据对方的进退来衡量，生活上彼此交融、彼此成就，精神上彼此共情、彼此扶持，那么我想，世间应该没有比这更牢固、稳定、和谐、幸福的关系了。

很多时候，"我"甚至会为了"我们"做出牺牲和让步，有时候，关系的维持也的确需要我们这么做，但我们都不会因为这点牺牲和让步就感到任何的压抑和委屈。我们会理智地认为，这样做是为了让关系更好，所以没什么好委屈和抱怨的。如果两个人都持有这样的心态，那这样的关系才能称之为"我们"。

"双人舞效应"虽好，但并非人人适用

在这里，我要特别说明的是，那些自我价值感低、喜欢推卸责任、内在人格没有充分成长的人，"双人舞效应"对他是没用的。一个人若在成长过程中未能建立起充分的自我价值，他的行为表现就会像一个长不大的孩子那样。例如，他内心对自己的评价和自信心的分数是不及格的，他会用两种心态表现：第一种是，不能让别人知道自己内心对自己的评价是不及格的，于是处处争强好胜、注重面子、与代表权力的人作对、任意妄为、不顾他人，借以表现出自己其实很棒。第二种是，因为自我价值感低，于是处处退缩，怕承担责任，不肯认错。一切都是别人的错，因为他自我评价的分数已经很低了，不肯再减分。

这种内在没有充分成长的人，在关系中会存在两大致命伤：第一是托付心态，也就是很多女性都会有的"你娶了我，你就要对我的一切负责"；第二种是"不肯分享内心的感受，不肯暴露脆弱"。

对于这样的人，你跟他分享"双人舞效应"，对他是没有帮助的，因为他的内心并不是真的想要改变。这世上有用的事物所能帮助到的，也只有那些愿意接受帮助的人，我们不可能去叫醒一个装睡的人。即便他想要改变，他也需要先解决如何提升自我价值感的问题。

一个人只有自我价值感提升了，能够像成年人那样理性、客观地看待发生在自己身上的所有"别人的错"了，那么"双人舞效应"才能对他起作用。

人生啊，有时候要做引领者，有时候要做追随者

就如同我们在舞池里跳舞，为了避免踩到别人，跳舞之前我们要先学会舞步一样，要想跳好"双人舞"，我们也得先熟悉、掌握正确的舞步。在这里，我就当一回"舞蹈教练"，教大家如何跳好这"双人舞"吧。

我们先来看第一个舞步：有时候做引领者，有时候做追随者。

曾经有一位知名女星在一个广告中讲过这样一句口号："不跟随，做自己！"这句话听起来非常燃，很酷、很有个性、很符合时代潮流。其实，在自我成长方面，这句话也是一种非常棒的心理暗示——你要跟随自己的心。

但是，这句话如果用在关系中，那么，一个从不跟随、只是引领的人，会将关系带入灾难。

比如，一个在家里永远都非常强势、说一不二的妻子，家里的规矩由她来定，财政大权由她掌握，甚至她的情绪还决定着全家人的情绪走向——她心情好，家里就放晴；她心情不好，家里

就低气压；她要是大发雷霆，家里就是地震和海啸的现场。这样的女人的人生字典里，根本不存在"配合、妥协、顾及别人感受"这些词。可以想见，她丈夫的感受会好到哪里去？

再比如，在工作中，如果一个人只习惯于向别人发号施令，只愿意做带领者角色，从来不懂得配合别人，他跟同事之间又何来"合作"一说？

所以，假如你想让某一段关系发展顺利，秘诀就是，你要像两个人在跳双人舞时那样，有时引领，舞步和节奏你来带，有时也要懂得跟随，把自己放心地交给对方，放松又惬意地享受他带着你旋转、跳跃。你闭上眼睛想象一下，偌大的舞池里，你跟他翩翩起舞，一会儿你胳膊臂膀撑起来，带领他旋转；一会儿你放松下来，让他带领你凌空跳跃，这样的互动是不是很美妙？

那么反过来，如果整场舞跳下来一直都是你在领舞会怎么样呢？你会把自己累死，对方还不买账，对不对？为什么呢？原因很简单，谁愿意一辈子当个"配角"，完完全全地配合你，你让去哪儿就去哪儿，永远做你的提线木偶呢？当你不给别人闪闪发光的权利，聚光灯都得打在你身上，那么你再一心一意为别人好，你再鞠躬尽瘁，也没人会喜欢你、感激你。

无论向前一步还是后退一步，都是智慧

我是一名家庭治疗学派心理咨询师，同时也是一名舞动治疗师。什么是"舞动治疗师"呢？就是让来访者融入一个团体中，大家一起用舞蹈和动作的方式纾解内心的压力，通过一个又一个人际关系的互动模式，来看清楚自己存在的问题。

每次在带领舞动团体工作坊的时候，我都会看到这样一类人：身体僵硬、脖颈很直，整个人站得直挺挺的。音乐一响起，他的第一个动作一定是向前迈步，特别有意思。因为这是他最为习惯的姿势——只会往前，不会后退。对这样的人来说，后退意味着失败、意味着失控、意味着认输。他接受过的所有教育都告诉他"只能前进，不能后退"，于是他活得像一个直挺挺的战士一般，全身紧绷，时刻不敢放松，随时等待上战场。

这样的人在关系中是什么样子呢？

首先，他是看不见自己的，他看不见自己的需要、自己的疼痛、自己的伤口、自己的脆弱，一直向前、身体僵直紧张放松不下来的姿势，让他仿佛给自己穿上了一件铠甲，外表坚硬，内心其实脆弱无比。

其次，他看不见自己，当然也就看不见别人，因为他怎么对自己，就会怎么对别人，尤其是那些跟他关系亲密的人，他把对方看成了自己的一部分延伸，他都感觉不到自己疼，对那些被他划归到"自己人"这个圈子里的人所经历的疼痛，他当然也无感，他甚至会觉得别人所有的脆弱都是作，是想太多，睡一觉就好了。这样的人就是非常典型的，只对外人好，对自己人很冷血、冷漠的人。他的身体和思维都硬得跟石头似的，他也看不见自己的情绪正存在的问题，直到有一天，抑郁症或者是身体上的疾病找上门来……因为我们都知道，身体保持柔软的状态才不容易生病。比如瑜伽，其实就是起到让身体柔软的作用，以达到强身健体的目的。

我们还是闭上眼睛来想象一下两个人跳双人舞的画面吧，一个人一直向前向前，一个人一直后退后退，这样的舞步是不是很难看？即便是跳探戈，也有回头和转身呀。这样一个人永远在前进、对方永远在后退的舞步，两个人是坚持不了多久的。

所以，大家发现了没？关系之所以变坏、变糟糕，大多是因为"舞姿"不对，要么是只有一方得到满足，另一方一直没被满足，时间长了，一方不玩了！要么就是两个人都误解了对方的需要，一直给对方他不需要的，因此舞步长期不协调，也不知道怎么沟通让舞步协调起来，两个人都是又累又不爽，索性放各自一条生路吧，自己跳也比两个人硬绑着跳要好得多。

　　我们常用"懂得进退"来形容那些举止得体的人，其实在人际关系的处理中，这也是需要学习的智慧：正所谓"退一步海阔天空"，有时候，我们确实需要学着后退一步，你不能一直前进，一直碾压着别人；而有时我们则需要学习如何向前一步，学会勇敢地表达自己的主张和意愿，而不是躲在角落里独自委屈。

　　无论是向前一步还是后退一步，都是智慧。

　　人们常说婚姻是妥协的艺术，其实，在我看来，婚姻既是引领的艺术，也是跟随的艺术；既是向前一步的艺术，也是后退一步的艺术。而且这个规则适用于所有的人际关系。个中的边界和尺度以及该如何平衡，得我们自己琢磨，多加练习，这就跟跳舞一样，不练怎么会跳呢？练得多了，我们才能心领神会。

　　接下来，我给大家布置一个小作业：请找出你在人际关系中最需要妥协的一件事，并仔细找出"自己之前为什么就是不肯让"的原因。请注意，是关系的妥协，不是利益和权益的妥协。试试看？

你爱不爱自己，你的性爱知道

性爱本身就是一种让身体放松、思想放空的身体活动，两个人肌肤相亲的温暖，两颗心紧紧相连的亲密，激情之后相拥而眠的放松与安宁，都让性爱起到了很好的缓解焦虑的作用，有时候甚至比单纯的身体运动训练还有效，因为性爱是对身体和心灵的双重放松。

提到"性"这个字，你首先想到的是什么呢？是好肮脏、好下流、好羞耻、好丢人……还是性爱是人类生活的必需，它就像吃饭和睡觉一样正常？

以前我在中央人民广播电台做深夜情感节目时，节目中有一个片头收录了我国著名的心理学专家贾晓明在谈到性爱时非常经典的一句论述："你怎么看待性，你就是怎么看待人。"在这里，我再补充一句：你怎么看待性，也代表着你怎么看待你自己。

古人云"食色性也"，这里的"色"指的是性，性指的是性情。可见，在某些观念上，古人反而比我们现代人更加通透，他们把性爱看得跟吃饭一样重要，也一样平常。这句话同时也说明了，性和食反映着一个人的品性。

运动是能缓解焦虑的，这很好理解。比如，渐进式肌肉放松训练可以帮助你再次获得身体的放松，深呼吸和腹式呼吸也是一种在紧张场合放松身体的策略——保持你的肩膀自然下垂并放松，试着深深吸气至你的胃部，让你的腹部，而不是你的胸，像吸气时一样吐气。这也会让你缓解焦虑。还有有氧运动，心理学研究表明，运动 20 分钟以上可以有效缓解焦虑症状。

如果你是个容易感到焦虑的人，那么你就要开始学会对你的身体有所了解，学会通过爱护自己的身体来改善焦虑情绪。当焦虑问题引起肌肉紧张时，知道怎么放松你的身体，也是焦虑自救的必修课。

查阅关于性爱的相关资料时，我发现一个有趣的现象：国内大多数关于性爱的文章虽然会提到性爱的好处，可是结尾都忘不了加上一句：虽然性爱有诸多好处，但我们也要避免过度性爱对身体造成的伤害。

这两句话听上去都没有问题：性爱是有好处的，但是不可以过度。但放在一起说，其实对我们正确看待性没有任何好处。这句话就好比，谈到赚钱这件事的时候，前半部分在非常励志地鼓励大家要努力赚钱，争取财富自由，改善生活，自力更生，给家人更多的照顾，后面话锋一转，马上开始像个小脚老太一般操心起来：可是人也不能沉迷于赚钱，不能满脑子都是钱，不能只为了钱活着。

　　谁说我们努力赚钱、好好工作，就等于为了钱活着呢？这明明是两件事，是两个不同层面的话题，放在一起来说，关于"要好好赚钱"的激励就显得很没诚意，而"别只为了钱活着"透露出的是内心对谈钱这件事的极大恐惧。

　　我常常认为，我们判断一个人的人品到底如何，他是不是心理健康、人格健全，只要跟他大大方方地谈谈钱和性，就一目了然了。

　　这跟我们中国人对性的普遍恐惧是一个道理，一开始谈性爱的好处，要先上紧箍咒——"可不能过度性爱哟"，这背后便是我们文化中对性的禁忌、对性的集体羞耻感在作祟。因此，在这里，我们做一个约定：在我们所有谈到性爱的话题中，请你卸下对它的偏见。

你有多久没有被温柔地触碰过了?

性爱对身体的好处实在太多。

有心脏病专家对 131 名男子进行观察，发现他们在心脏病发作前，有近 2/3 的人受到性生活障碍的困扰，而拥有和谐性生活的夫妻，发生心脏病的概率比常人降低至少 10%。

没错，美好的性生活可以充分地调动我们的骨盆、四肢、关节、肌肉、脊柱，促进血液循环，增强心脏功能和肺活量；性爱中的肌肤摩擦可增加皮肤的活力，让皮肤变得光洁细嫩；性生活还可以使肾上腺素均衡分泌，肌肉不断地收缩、放松，形成良性循环，使免疫系统保持在较好的状态；性爱还能促进人体新陈代谢，使人精神抖擞、神采奕奕……

女性比男性更容易失眠，有相当一部分原因是性生活不和谐，性欲没能得到充分的满足和释放。性欲得到了充分的满足，人才更容易入睡。当我们经历了一次和谐、美好、畅快淋漓的性生活后，紧张激动的身体开始放松，肌肉也在满足之后的疲倦中得以舒展，睡意自然而然会袭来。

对女性来说，性爱对月经也很有帮助，通过性生活中的肌肉收缩运动，能促使血液加速流出骨盆区，进入血液总循环，从而减轻骨盆压力；它还能适量恢复脑部的供血量，从而减轻腹部及经期的不适症状；调节女性的胆固醇，保持骨骼的密度，减缓雌激素流失的水平；让女性的肌肉变得更加有力，整个人看上去步态轻盈，身体灵活，从而延缓衰老；性爱产生的兴奋能刺激大脑分泌一种叫胺多酚的化学物质，这种物质也叫作脑啡肽，它能有效地降低身体各部位的痛感……

和谐而美好的性爱给我们带来的好处真是不胜枚举。我们完全可以说，性爱比喝咖啡管用、比兴奋剂好使、比安眠药有效，对女性的好处堪比贴面膜、吃保健品和用贵妇面霜。

性爱是身体与心灵的交流与放松，那么它对我们的心理有哪些好处呢？

性爱如果是发生在成年人自愿的、非强迫的关系中，请注意前提是——成年人自愿的、非强迫的关系中，那么它便是一种非常美好的体验，能让情侣之间的感情进一步升华。

首先，美好的性爱可以提升自尊感——"我很有魅力、我对别人有吸引力、我被人渴望着、我被人爱着"——这种积极的情感体验会让一个人由衷地感受到作为一个人和一种性别的存在是一件多么美妙的事情。

其次，美好的性爱会让关系更融洽。美国心理学家曾进行了18个月的纵贯研究，结果发现：性满意度与关系满意度有关。越做，真的会越相爱吗？答案是"不一定"，但可以肯定的是，不做，一定是不够爱。心理学研究，结果发现，常有性爱的伴侣比不常有性爱的伴侣，更爱彼此。带着爱来一场灵与肉的交流，当然会越来越爱彼此。

第三，美好的性爱会让人更快乐。一项关于 13000 人的心理学调查研究显示，16% 的受访者表示，他们至少已经一个月没有性爱了，比起其他人，他们感觉更不快乐，且容易抑郁和焦虑。

感受不到被爱，感受不到温暖、温情、温柔，感受不到全然的放松，感受不到快乐，你当然会被焦虑包围！性爱是比运动更有效的缓解焦虑的身体活动。所以，如果你容易陷入焦虑的情绪，不妨先问问自己：我有多久没被温柔地触摸过了？

"性人格"越健全，性生活越放松

虽然性爱有诸多好处，但并不是每个人都能享受到它的好处。对有些人来说，性爱反而是负累、是心结、是自己各种不自在的根源、是诱发焦虑的直接原因。

十年前，我曾经参与过某国际心理学研究机构发布的一项针对中国人的《性爱白皮书》。其间，我提到一个概念，叫作"性人格"。每个人的心理是有其人格特质的。对于性爱，每个人其实也有着自己的人格面具。什么是"性人格"？就像开始我问大家的那样——你对性，是感到肮脏、羞耻、下流、保守、愤怒，还是过度渴望、过度焦虑、过度兴奋，毫无节制？又或者是愉悦、开放、满足的呢？这些就是你的性人格。

我深深相信，现如今，我们国家在性教育方面的开放，已经让越来越多的人成长为"性人格"健康、健全的人，他们对性不再带有偏见，而是将性看作跟吃饭睡觉一样非常正常的事。

那么"性人格"不健全的人会出现哪些问题呢？

首先是性焦虑。性焦虑指的是对性爱感到紧张、尴尬，无法打开自己的身体、对性爱排斥，无法从性爱中获得满足而带来的焦虑。性焦虑的产生或许有身体上的原因，比如性功能障碍，但更多的是心理方面的问题——对自己的身体没信心，对性爱不够了解，觉得会伤身体；对自己的身体也不了解，不知道怎样才能让自己的性欲得到满足；或者是对关系不够信任，觉得对方不够爱自己，因此放松不下来。

其次，性人格不健全的人更容易抑郁，或者容易被激怒。我们知道，性是一种很强的能量，如果长期得不到释放，性欲难道就消失不见了？不会！性能量很可能转化成抑郁的能量，让我们陷入抑郁的深渊。要知道，长期、拼命地压抑生命欲望，我们的生命力也会被一并压抑了。所以，抑郁症也叫生命活力丧失症。

试想一下，假如你是一株绿植，被长期压在一块大石头下面，不见天日，久而久之，你还能充满生命活力、积极向上生长吗？

当你的生命力被自己给压迫、压抑得奄奄一息了，那么抑郁症就一定会光顾你，不请自来地跟你做朋友。而且，由于性欲得不到满足，性能量无法释放而导致的抑郁，多半是焦虑型抑郁症。

除了抑郁，性能量还"跑"到哪里去了呢？"跑"到了愤怒和攻击别人上了，尤其是在性方面攻击别人。比如，那些因为某明星出轨就跑到人家微博下面用污言秽语骂人的"键盘侠"和语言暴力分子；那些对别人家的老公出轨简直比自己的老公出轨更愤怒的人们；那些动不动就恨不得用道德的大棒将人置于死地的人；那些过分提倡贞操节烈，对性行为大肆批驳诋毁，谈性色变的人。表面上，他们是那么恐惧和厌恶性，其实是内心太渴望和谐美好的性爱却得不到满足罢了。所以，在我看来，通过语言上的攻击、谩骂、诋毁来获得某种满足，这才是真正让人羞耻的事。

对于性人格不健全的人，我常用一句话来形容——观念保守，行为不堪。

性人格健全的人又是什么样的呢？他们观念开放，行为严肃。对自己的性、对别人的性，都予以尊重，因此也更懂得如何合理地释放性的欲望，懂得如何让自己在性爱中彻底放松，享受性爱所带来的美好和快乐，活得像个真正的成年人！

记住著名心理学专家贾晓明老师的话吧："你怎么看待性，就是怎么看待人。"你怎么看待性，就是怎么看待你自己。你爱不爱自己，你的性爱知道。

📖本章小结：

任何一种关系，既是引领的艺术，又是跟随的艺术。

好的婚姻、好的关系就像跳双人舞，不是其中某一个人的事，它需要两个人默契地配合，一起好好地经营——你进的时候我退，我退的时候你进，能充分考虑、理解对方的感受，相互扶持、共同成长、彼此成就。

第九章
过度期待的背后，隐藏着不满意、不相信、不接纳

每个人小时候都会对自己到底从哪里来感到非常好奇，于是会问自己的父母："妈妈，我是从哪里来的？"有些父母不知如何作答，就跟孩子说："你是从垃圾箱里捡来的。"

这样的回答对父母来说是个玩笑，但对孩子幼小的心灵来说，却是非常挫败的。因为"生命是带着期待而来的"这个确定感，会让一个生命产生由衷的被接纳的踏实感。

生命带着期待而来，期待它更茁壮、更有生命力、更有竞争力，这几乎是每一个养育者的愿望，期待就犹如生命的阳光。但是，被过度期待，就不愉快了。过度期待本身就带着巨大的压力。从本质上来说，给予他人过度期待，实际上是在向他人传递焦虑。

父母的过度期待是孩子人生中沉重的枷锁

　　我有一个闺密，就是被妈妈过度期待的典型。她妈妈当年由于上山下乡而没能考上好大学，回城后也没能找到满意的工作，然后嫁了一个很平庸的男人。所以，闺密的妈妈一直觉得自己活得憋屈，觉得自己年轻时那么漂亮聪明，结果活得泯然众人矣，很不甘心，于是把"我完全可以创造梦想中的人生"的期待，完全放在了女儿的身上，希望女儿替她活出她的那部分自我。

　　为了女儿能活成自己期待的模样，妈妈从小就培养她琴棋书画。闺密也很争气，学习上一直出类拔萃。但她很失落、很丧气地对我说，尽管自己一直很努力，但妈妈对她从来就没满意过，也从来没有真正地表扬过她。每次她把奖状拿回家，妈妈会稍微高兴那么一分钟，紧接着就会对她提出更高的期待。

　　作为妈妈，她认识不到这种期待是不合理的、过度的，也没有学会自己承担自己的人生责任，只会把那些梦幻般的目标寄托在孩子身上，希望她替自己来完成那些其实"根本不可能"的任务，以突显自己的独一无二；而作为还不够成熟、强大的孩子，闺密也没有办法去质疑、反驳母亲的绝对权威，她只能接受、认同、顺从。这就是过度期待——对当事人给予不切实际的希冀，期待对方不断地完成能力范围之外的目标，搞得对方筋疲力尽。而被寄予厚望的那个人，长期生活在压力、焦虑之下。一方面，他会逼迫自己一定要达成他人寄托在自己身上的"善意期待"。另一方面，如果无法实现这种期待，他就会陷入一种强烈的内疚、自责的情绪中，不得解脱。

所以，我闺密才不无伤感地感慨说："我从来没有让我妈妈满意过。"

父母未完成的愿望、不圆满的人生，放在孩子身上，美其名曰"期待"。但在我看来，父母的过度期待是孩子人生中沉重的枷锁，会让他终其一生都没有机会认识真正的自己，活出理想中的自己。这样的人生，何其可悲、可叹又让人心疼！

高晓松就是幸运的，因为他成长在一个充分自由、开放的家庭。在他家，每个人都有自己专长的领域，父母从不把自己的期待强加到孩子的身上。所以，算不上中产阶级的高晓松，如果他手中的钱只够旅行或是买房子，他可以恣意地选择去旅行。

我想，这就是家长能给孩子的最好的爱吧。

愿天下父母都能自己承担自己人生的责任，不再对孩子寄予过高的期望。要知道，孩子现有的能力只够承担他一个人的生命重量，他是无力背负父母、其他人的生命重量的。

过度期待不是真正的爱，无法给人带来快乐

过度期待对被期待者来说，带来的真的只有伤害。不幸的是，合理期待和过度期待往往很难辨别。

如何判别？其实我们可以根据当事人的主观感受来判断。如果当事人是愉悦的、兴致勃勃的，愿意担此重任，那么就说明期待没有过度。相反，当事人对期待和目标感到压力重重，不愉快、不放松，却又不得不去做的时候，焦虑就产生了。

在这里，我需要特别说明的是，在父母的过度期待中成长起来的孩子，他在心理上会有一种自我虐待的倾向。为什么这么说呢？因为这样的人从小到大，从父母等抚养人那里得到的都是负面反馈——他们总觉得你不够好！

对孩子来说，这样的父母有着不容置疑的权威性，这是做父母的自恋，他们把这种自恋投射给了孩子，孩子只有绝对地服从，无力反抗，因为这种自恋常被父母解释为"我们都是为了你好"。于是孩子在心理上会产生很大的纠结：理智上告诫自己，父母都

是为了自己好，可是感情上并没有那么快接受，心里总是不舒服。于是，孩子迷茫了、思维混乱了——明明是为了我好，为什么我感受不到被爱呢？

是啊，为什么呢？因为过度的期待不是真正的爱，它无法给人带来真正的快乐，反而会引发很多情绪问题。

在这套爱的逻辑之下，最让人担心的后果，是父母过度期待的目光，会内化进孩子的心里。长大以后，明明父母早就不唠叨、不指责、不挑剔了，可是孩子开始对自己有了很多不切实际的过度期待，开始学会了自己给自己定目标：

他给自己定了考上好大学的目标，目标实现了，他会认为这是自己理所当然要达到的，达不到就是彻头彻尾的失败；

想考研究生，又成功实现了，他觉得这也是个很合理的期待；

毕业后，他要求自己找一份人人羡慕的好工作，在人际关系上能左右逢源；

之后，希望自己建立别人眼中的美满家庭，如果做不到，就意味着自己太差劲……

我们可以看到，他人生里的每一个期待都必须以"完美"作为结局，稍有差池，比如，没考上好的大学，没顺利考上研究生，没有如愿以偿获得好工作和领导同事的赏识，或者没能尽快脱单，建立家庭，他都会感到格外地焦虑。

期待和目标在不断升级，他却来不及思考，这里面哪些是合理期待，哪些是不合理期待。

他看似完成了无数的期待、达成了无数的目标，但是他体验不到成功的喜悦，因为他的心从未得到片刻真正意义上的休息。父母那双苛责的眼睛内化成他心里那个严厉的"小教官"，时刻拿着鞭子鞭策着他，让他像个旋转的陀螺般完全停不下来。他也从未在一个目标实现后彻底地放松过、开心过、享受过，更别提表扬过自己。

我想，这也是很多人明明很努力，却越努力心越疲惫的根本原因吧！这种对自己的过度期待，无异于自我虐待。

所以，如果你感觉自己越努力却越疲惫的话，不妨停下来思考一下——你是否正在为了实现某些期待、成为别人眼中的人生赢家而逐步地掏空自己？你瞄准一个过高的目标时，是否承受着担心万一完不成又该怎么办的高度焦虑？当无法实现期待时，你体验到的无法摆脱的内疚感是否让自己无路可逃，陷入抑郁，甚至开始自我攻击和惩罚？

如果是，赶紧停下你匆忙的脚步，放空你的大脑，偶尔享受一下脑中一片清明，心中无牵无挂的惬意、宁静与舒适吧！我们的人生足够长，偶尔的驻足停留，并不会影响我们目标的达成。

小心，焦虑是会遗传的！

焦虑的妈妈很可能会教出一个焦虑的孩子，而孩子在他成长的过程中，如果没有得到适当的修复，那么他为人父母后，仍会把焦虑的情绪带给他的后代。这就是"母系代际遗传性"。

在生活中，我看到太多的妈妈陷入了疯狂的焦虑中。孩子几乎占据了她们所有的个人空间，尽管她们每天都和孩子捆绑在一起，内心却始终充满了困惑与担忧，焦虑异常。

心理学家调查发现，在养育孩子这个问题上，几乎所有家长都能在孩子身上找到自己成长的烙印。那焦虑会不会遗传给下一代呢？回答这个问题之前，我先带大家认识一个新名词——"代际遗传"。

什么是代际遗传？从心理学角度来说，指的是人的心理特质、思维模式、人格和性格特点以及较为极端的处理问题的行为模式，会从上一代遗传给下一代，仿佛是父母为你埋下的心理基因。所谓"龙生龙，凤生凤，老鼠的儿子会打洞""我最看不惯你，长大后却成了你"等等，说的都是代际遗传。

原生家庭造就了我们前半生的命运，如果我们学不会真实、真诚地面对原生家庭，切断原生家庭对自己的负面影响，那么原生家庭将会持续影响我们的后半生，而这条看不见的命运线，就是心理上的代际遗传。比如，父母婚姻不幸，会代际遗传给孩子；父亲的家暴行为，会遗传给孩子；父母对待伴侣的方式，会遗传给孩子；父母的焦虑，尤其是母亲的焦虑，也是会遗传给孩子的。

每个焦虑的妈妈都有可能教出一个焦虑的孩子，而孩子在他成长的过程中，这些问题如果没有得到适当的修复，那么他为人父母后，仍会把焦虑的情绪带给他的后代。这就是"母系代际遗传性"。

约翰霍普金斯大学医学院的研究人员招募了 136 个家庭，每个家庭中至少有一个家长被诊断出患有焦虑障碍。追踪研究显示，这些家庭的孩子中有超过七成在成年后患有不同程度的焦虑症或强迫症。

好消息是，一项发表在《美国精神病学杂志》上的关于焦虑障碍干预的研究显示，焦虑障碍的代际遗传是可以进行有效干预的。也就是说，即便你的父母一方患有严重焦虑的心理问题，你也还是可以切断这个影响的。所以，我们看似是在研究妈妈，其实是在帮助你。

过度担心型妈妈：孩子成长过程中的不堪重负

闭上眼睛想象一下，"过度担心型妈妈"应该是什么样的形象呢？

性格软弱、体弱多病、郁郁寡欢，在家庭中几乎是个"不被看见"也"不被听见"的角色。因此想到这样的母亲，我们脑海中浮现的总是泪眼蒙眬、唉声叹气、欲言又止的委屈女性形象。这类妈妈总会表现出过度敏感、过度担心，甚至有点神经质的特征。

这类妈妈还总是身体不好，但凡你不听话，但凡你跟她意见不一致，她就身体不好了，或者可以说她常年都身体不好，不是这里疼就是那里疼，不是这儿难受就是那儿难受，反正就没有感觉舒服的时候。

可以想见，这类妈妈对生活、人际关系以及周遭世界都有超乎常人的恐惧和不安全感，在日常生活中，她会将这种对外部世界的深深焦虑投射给自己的孩子。

比如说，妈妈总是对你放心不下。你的人生虽然是你在过，但是她会有很多很多的担心和焦虑：

"哎呀！你不会被骗吧！""我姑娘找个男朋友，不会被欺负吧！""将来要是嫁到他们家，他们不会欺负我女儿吧！""你干这个工作，你老板不会潜规则你吧！""你交这样一个朋友，不会坑你吧！""我儿子在大城市打拼，太辛苦了，为娘想想就落泪。都是爸妈没本事，你什么时候才能买得起房呀！"

妈妈的过度焦虑和对外界极度缺乏安全感的状态，看上去是出于对孩子的爱，实际上会成为孩子一生的诅咒——担心社会上坏人多，结果发现，孩子真的遇上了坏人。正所谓怕什么来什么，这也叫心理学上的"心想事成"，其心理机制就是著名的"墨菲定律"：觉得会出错的事，总会出错；担心某种情况会发生，结果真的就发生了。所以，妈妈们的过度担心、过度焦虑，其实会成为孩子在成长过程中的不堪重负。

我曾读过一首诗，叫《牵着一只蜗牛散步》，诗中写道：教育孩子，就像牵着一只蜗牛在散步。和孩子一起，走过他孩提时代和青春岁月，虽然，也有被气疯和失去耐心的时候，但是，孩子却在不知不觉中向我们展示了，生命中最初最美好的一面。它告诉我们：孩子，是慢慢养大的，教育孩子就像牵着一只蜗牛在散步，需要我们细心地呵护。慢养，才能教出更优秀的孩子。

情感失焦型妈妈：孩子总感觉不到被爱

这类妈妈的情感往往是错位的。我们都知道，孩子在 0 到 3 岁之间需要妈妈无条件的关注，妈妈要及时满足孩子的一切需求，他才能感受到被爱。可是情感失焦型妈妈的心思往往不能集中在孩子身上，例如，有些母亲患有严重的产后抑郁，大部分精力都用来跟自己的糟糕情绪打架了；有些母亲情感上不够独立，非常依赖丈夫，孩子感觉自己更像是父母之间的第三者；还有些母亲在孩子出生之后，出于对职业生涯的焦虑，把养育孩子的责任推给家中老人或保姆，而自己依然沉迷在工作中。不夸张地说，母亲总是当着孩子的面刷手机，甚至会让孩子产生非常强烈的被忽视、很委屈的感受，他会觉得"我还没有妈妈的手机重要"。

袁泉是我很欣赏的一位女性。在《朗读者》节目上，她讲述了自己 11 岁离家去北京学戏的过往。

那一年，袁泉被中国戏曲学院附属中学的老师选中，离家去北京学习京剧。当时，父母问她，你自己想清楚了，真的想学京剧吗？

　　还是懵懂稚童的袁泉，自己做了这个人生的重大决定。之后，妈妈陪她去北京，一个星期后就回湖北老家了。

　　班主任告诉袁泉，妈妈在教室门口站了好一会儿，虽然很舍不得，但还是笑着说："孩子就拜托给你们了。"

　　那 7 年，袁泉靠着和父母之间的 300 封家书，撑过了最艰难的岁月。虽然相隔千里，但是父母的爱从来没有缺席过。

　　声色犬马的娱乐圈里，袁泉始终保持着清冽疏离、清醒自持的气质，安安静静地做着自己喜欢的事儿。她身上的这种自信、清醒、淡定、从容，以及内在不慌不乱的笃定，我认为跟她从小就被父母珍视、被温暖地爱着，以及被尊重、鼓励着长大有关。

　　从小在爱中长大的人，内心是笃定自信的，所以他能从容自若地应对生活中的各种变化；而内心缺爱的人，心里空荡荡的，空带来的是慌，焦虑便如杂草一般在心里丛生。

　　关于家庭关系，儿童精神分析大师阿克曼曾提出过一个很有意思的概念，叫作"家庭中的连锁病态"。他指出，任何家庭中的单个成员混乱或者扭曲的行为，都有可能引发其他家庭成员相对应的连锁反应。母亲情感失去焦点、情感秩序混乱焦躁，造成的后果便是，孩子总感觉不到被爱，于是有了刻在骨子里的惴惴不安。

　　但愿每个孩子都是被温暖地对待、被呵护着长大，心里装着满满的爱和安全感。

哀伤型妈妈造就的是焦虑型孩子

这类妈妈总是不高兴的，永远是忧郁的、悲伤的、抱怨的，对什么事情都提不起兴致。有时候，她还会把孩子当成情绪垃圾桶，将各种负面情绪一股脑地倾倒给孩子。

仔细观察你就会发现，有的人长大了不会笑，或者合照时，他笑得比哭还难看。因为他长得难看吗？并不是。从小到大，他哪敢笑啊！父母就没有高兴的时候，如果家里就他一个人在高兴，那他不就成了这个家里的一朵奇葩？在他的意识里，笑和高兴是有罪的，因为父母永远不高兴，他必须得跟父母的情绪保持一致。对孩子来说，这无疑是一种精神绑架。

如果家里有一个哀伤型妈妈，那么全家都会被她不高兴的情绪影响、绑架，整个氛围都被弱势控制了。如果空气有颜色，那么这种家庭里流动的空气会是什么颜色？没错，暗淡的、阴冷的青灰色。

这类妈妈常常对生活感到绝望，她更容易用这样的句式来解

幸福的体质

读生活里的一切不如意——

"哎，都是因为爸妈没本事，咱家没钱。""你的事业发展得不顺利，你没对象，都是爸妈没背景，咱家穷！"但凡生活里出现任何不顺利，妈妈最后都会说："哎，谁让你生在这样的家里呢，谁让咱家没钱呢！"

妈妈对生活满是绝望，对孩子造成的心理暗示是什么呢？

第一，孩子你真倒霉，爸妈没钱没本事。

第二，你是下等人，你不如别人。

第三，生活是没有希望的，所以你这辈子也不可能有好的生活！

试想一下，如果这些心理暗示像心理密码一样从小被你母亲敲进了你的心里，面对生活时，你是激流勇进，还是消极对付？你是行动力满满地主动解决问题型，还是遇事唉声叹气焦虑不安型呢？答案显而易见！

王桂荃（梁启超的二夫人）女士在梁启超离世之后，带着九个孩子度过了别人无法想象的岁月，即使在"文革"的动乱年代她也没有动摇信念。她去世后，梁思成和兄弟姐妹一起在父亲墓旁种下一棵"母亲树"，以此纪念这位伟大的母亲。

哀伤型妈妈造就的是焦虑型孩子！而像王桂荃般坚强、冷静、乐观的妈妈，教出的孩子肯定是坚韧的，遇事不怯懦、不慌张的。

这样说可能会触发一些朋友心里关于原生家庭的痛苦。不过就像白细胞在跟病毒作战时，我们也会发烧一样，如果你感觉到心痛，那也就意味着，你已经走在了直面问题、解决问题的路上，这是变好的开始。

　　你可以是问题本身，但同时也可以是问题解决者。来，深呼吸，调整一下情绪。我相信你！

真正的信任，不是你看到了才相信

既然过度期待给我们带来的是焦虑和伤害，那我们该如何化解过度期待带给我们的负面影响呢？我的答案是——找到自我实现的预言。

最早提出"自我实现预言"的是美国哈佛商学院著名的教授罗布特·莫顿，他提出由图式引发的自我实现预言，也就是使自己的预期成真的预言。

这其中最为著名的就是罗森塔尔效应：1968 年的一天，美国心理学家罗森塔尔和 L. 雅各布森来到一所小学，说要进行 7 项实验。他们在一至六年级每个年级各选了 3 个班，并对这 18 个班的学生进行了"未来发展趋势测验"。之后，罗森塔尔以赞许的口吻将一份"最有发展前途者"的名单交给了校长和相关老师，并叮嘱他们务必保密，以免影响实验的正确性。

其实，罗森塔尔撒了一个"权威性谎言"，因为名单上的学生是随机挑选出来的。8 个月后，罗森塔尔和助手们对那 18 个班级的学生进行复试，结果奇迹出现了：凡是上了名单的学生，成绩都有了较大的进步，且性格活泼开朗，自信心强，求知欲旺盛，更乐于和别人打交道。

这就是著名的罗森塔尔效应，也叫"皮革马利翁效应""人际期望效应"，是一种社会心理效应，指的是人们对他人的殷切希望能戏剧性地收到预期效果的现象。

在心理学的精神分析领域有一个很好的词汇——"抱持"。

精神分析领域认为，最好的养育环境是抱持性的，它具备两个基本特征：孩子发展好的时候，认可他；孩子受挫的时候，支持他。在抱持的环境里，一切是以孩子的感受为中心的，而不是以父母头脑里的想象为中心的。

而抱持的环境需要一个大前提，就是——信任。

真正的信任，不是你看到了才相信，而是在你还没看到时，你就相信了。比如，你信任自己的孩子，认为他是个很棒的孩子，并不是因为他取得了让你满意的成绩你才相信，而是你本来就有这样的信任。那么孩子做得好，你觉得意料之中，大加赞赏；孩子做得不够好，你也一样宽容接纳，因为你相信他，虽然这次没做好，下次一定会做得好！

再比如，你信任你的伴侣对你的感情，并不是经过一再地考验和试探之后才觉得他值得你信任，而是从一开始，你就充分地相信他，把自己的信任踏实地、毫无保留地交给了这个人，这才叫真正的爱。

因此，真正的信任是——相信你还没有看到的，而且相信你相信的一定会发生。这是建立一切美好人际关系的基础，包括亲情、友情、爱情、亲子关系、亲密关系，都是如此。因为只有具备了足够的信任，才具备抱持的环境。

建立自我实现预言的前提是——你发自内心地相信自己，认为自己是可以的！即便偶尔遭遇挫败，你也认为这是暂时的，自己完全有能力跨过去。这才是真正有效的期待！这其实也验证了我们常说的那句话——"说你行，你就行，不行也行；说不行，就不行，行也不行！"

而过度期待的前提是，觉得你不行，所以才拼命地给你KPI（关键绩效指标）、给你目标、给你压力，让你去不断完成、不断提升，以此证明——"哦，原来你还行呀。"说到底，过度期待的背后，其实隐藏着不满意、不相信、不接纳。

请大家相信，在有效期待的人际氛围和环境中长大的孩子，一定会活出属于他的精彩人生的，因为他有足够的自信，足够接纳不完美的自己，足够信任自己！

最后，我布置给大家一个小作业：试着找出你身边跟你亲近的人，谁给过你真正的信任呢？然后给他写一封信，向他表达一下你的感谢吧——真正的信任，才是你们之间最珍贵的情意。

人生从来不是规划出来的，而是一步步走出来的

上小学的时候，老师常常会让我们做一件事，就是制定学习计划和作息计划。于是每到新学期，你就会拿出一份非常详细的计划：早上几点起床、几点到几点吃早饭、几点到几点学习、几点到几点玩耍，要详细规划到几点几分具体做什么，直到几点几分上床睡觉……然而，你沮丧地发现——没有一份计划清单，是自己可以真正完成的，于是你一次又一次陷入了定计划时雄心勃勃，完不成后焦虑挫败的情绪循环里。可以说，定计划、找目标，是我们人生中第一次接触到焦虑情绪，是我们焦虑体验的开始。

然后，每到新的一年，你也开始制订新年计划：

唯有学习和旅行不可辜负，于是你在网站上找了一百本人生必读的好书，你买好了健身卡和健身装备，买了一大堆知识付费的课程，下载了好多地方的旅行攻略，你对每一天的时间制定了详尽的日程表……又是一年年终时，你发现，年初制定的大部分计划都没能实现，那份新年计划仿佛只是用来在新年开始的头三

天打打鸡血而已。所谓计划，也只是计划了计划而已。而你，陷入了年复一年的焦虑循环。那么，定计划、定目标就必然导致焦虑吗？

没有目标会让人焦虑，制定了详细的目标也会导致焦虑，那么该如何有效地利用好"目标"这个家伙，让它为我们的生活和心理建设服务，而不是来添乱呢？

法国心理学家弗里斯顿在进行"不确定感忍耐性量表"的研究时，提出了"无法容忍不确定的程度"这个概念，它被认为影响着"不确定"和"焦虑"之间的相互关系。意思是说，当我们心理上感受到的不确定性越强烈时，我们的焦虑程度就越高；当我们面对的情形是未知的、不确定的，这会带给我们一种不在掌控之中的感觉，不安全感就这样滋生了。

面对潜在的失控或不安全，我们会感到焦虑，这种焦虑感其实是人潜意识中的恐惧，甚至是一种生存恐惧。

因此，我们可以说，焦虑情绪的本质是对潜在的失控感的恐惧。为了应对这种恐惧，我们会去找最容易上手、成本最低，而且最容易在一开始就能找到成就感的事情去做，那就是定计划。因为当我们将计划写下来的一刹那，我们仿佛就有了这些计划已经实现，人生已经开始走向巅峰的美好幻觉。这种心态跟在纸上画了一个饼其实没有区别。

习惯了做计划的人，如果有哪一次没有制定详尽的计划，那么他的心态就会完全崩溃。因为，做计划只是表象，我们内心深处的焦虑和不安全感，才是问题的根源。

我有一位朋友，每次出门旅行之前都要做非常详尽的攻略，如果哪一次攻略做得不详尽，他就会特别焦虑。有一次在泰国，由于妻子做的攻略不够详尽，平时脾气非常好的他，站在街头对妻子失控地大发雷霆。而他妻子的感受是，如果攻略制定得太详细，反而会陷入焦虑的情绪中。

"攻略做得不详细就焦虑"的性格特点也被我这位朋友带到了工作中——每当他要同时处理很多个任务时，他就发现自己很难理性、安静地应对，最终，他不得不离开职场，赋闲在家做家庭煮夫。

这位朋友由于计划所带来的焦虑情绪，其实已经到了需要跟心理医生好好聊一聊的地步了。

原来，制定详尽的计划会导致更大的焦虑，甚至会让人濒临崩溃。

我们把这种总是定计划又总是被计划所牵绊而产生的深深的焦虑感和沮丧感称为"计划过度"。

有的人整天忙来忙去，心却越忙越空

计划过度是如何制造焦虑的呢？我们来看看从定计划时的兴奋，到完不成计划时的沮丧，我们的心理大致会经历哪几个步骤。我称它为"计划过度导致焦虑的七感体验"：

1. 计划被打破感：我们常说，计划赶不上变化。计划制定得再详尽，也总会因为某个意外而被打乱，你根本无法控制。比如说，你计划每天晚上临睡前安安静静地看几页好书，结果连续几天加班到深夜。回到家后，你只想赶紧洗洗把自己放倒，书还没拿起来，就已经困得眼皮都抬不起来了，无奈之下，你只好在计划清单上把睡前读书这件事搁置。

2. 产生荒废感：计划一旦被打破，离失去秩序也就不远了。半荒废的计划开始让你的生活有点一言难尽，一方面，你终于可以为自己完不成某个计划而找到合理的借口——"不是我不读书啊，是我确实没时间嘛。"不用再坚持某件事情，可能让你暗暗松了一口气。但随之而来的是巨大的荒废感，你甚至会开始怀疑人生、怀疑自己——时间去哪儿了呢？我这样忙忙碌碌，是否真的有意义呢？

3. 产生疲劳感：生活失去了秩序，内心的荒芜感产生了，这种感觉让你太难受了。这哪里是你想要的人生？说好的自律呢？说好的成为更好的自己呢？于是，你开始花费更多的精力去寻找摆脱失序感的方法。可是，好像也没什么更好的办法能让你不加班，不被现实所负累。财务自由还远，时间上的随心所欲几乎成了不可能，生活不是自己想要的，可是又没有更好的解决方法。于是你更加沮丧，内耗太大导致身心疲惫，你常常感叹——活着太累了！

4. 焦虑被唤起感：身心俱疲让你处理工作和生活事物的效率变得更低，于是无序感加重，迷茫和焦虑开始在你心里苏醒。它们一旦"醒来"，就很难摆脱。计划很远，焦虑却很近。

5. 被焦虑控制感：之后，你会陷入对时间的焦虑里，焦虑的背后仿佛有一双无情的大手在榨干你的时间——有的人整天忙来忙去，好像做了很多事，心却越忙越空；有的人好像每天都忙得没时间享受，其实并没有做多少事，大部分时间都在拖延焦虑而已。你用忙碌的假象来麻痹自己，内心却知道自己在虚度光阴，你感到内疚、自责，并且为达不成的预期而深感无力。

6. 重燃计划感：内疚、自责和无力感进一步加重了你的焦虑，在疲劳、焦虑中，时间更加无价值地飞速流逝。可是，总有那么一个时间节点让你猛然惊醒，这个时间节点可能是新年，也可能是你生日的时候，你会突然惊觉："呀，时间过得真快，一年又快过去啦！真的不能再这样下去啦，要改变，我要成为更好的自己。"你会再次点燃你的小宇宙，于是新的计划表又定下了。

7. 焦虑循环感：在新的计划面前，你真的变成一个全新的自己了吗？并没有，因为你的思维方式、你的生活习惯、你的自我认知，都没有发生任何的改变。又是全新的一年，但你还是过去的你。去年你面对和处理不了的问题，今年再次面对时，你一样还是没辙——好吧，新一轮的焦虑循环又开始了。

在这之中，我们会发现一个问题，那些爱定计划又总是完不成的人，他们其实并没有真正为实现计划做出过任何的努力和改变，而是新计划、老路子。这样一来，计划除了加重焦虑和自我挫败感，让你觉得自己真是差劲之外，当然就没有更多用处了。

如果把我们的人生比作一趟旅行，制定过分详尽的计划，其实会让旅行变得索然无味。因为你所有的精力都在应对失控带来的恐惧，并没有时间和心情来享受当下的任何美景。

人生从来不是规划出来的，而是一步步走出来的。你是希望自己的人生旅程充满了五颜六色、变幻万千的风景，还是单调又一成不变的索然无味？我想，答案显而易见吧！

我们不仅要出发，更要懂得为什么出发

当然，目标和计划也并非对我们的人生全无好处。只是我们要如何善用目标和计划性来化解焦虑情绪呢？

美国心理学家耶基斯和多德森通过实验研究发现了耶基斯—多德森定律。定律指出，动机强度和工作效率之间并不是线性关系，而是呈倒 U 形的曲线关系。即动机强度处于中等时，也就是当我们保持在中等水平的焦虑状态时，工作和学习的效率最高。

因此，定计划、定目标是让我们保持适度焦虑，从而保持自我精进状态的方法之一。以下方法，或许能够帮助我们从对目标的焦虑中摆脱出来：

第一，追求目标的时候，让自己放松一点。

目标达不成并不代表你有多差。前面提到的电影《黑天鹅》里有这样一个场景：女主角妮娜是一个雄心勃勃、追求完美的女孩。她的母亲对她寄予厚望，一心想把她培养成完美的"白天鹅"，所以处处严格要求她，处处遏制妮娜的自由。为了达成母亲寄托在她身上的目标，妮娜从来都不敢放松自己，电影里的她几乎没有一个开心的镜头，时刻处于紧绷的状态。当她被选为一场重大演出的 A 角后，她也随之面临了巨大的精神压力。她希望自己能够无懈可击地完美演出。可是，在强大的压力下，她的精神几近崩溃。整部电影的色调压抑又灰暗，犹如那些被目标深深折磨着的人们共同的内心环境。

后来，她的教练反复让她体验失控感，对她说："完美并不是都来源于控制，它也来自放手。"最后她终于放开自己，放下对自己、对目标的过分执着。松弛下来之后，她才体验到了"真正完美"的状态，那是比所谓的完美更完美的——心灵自由的状态。

如果你思维固化、身体僵直，心灵被计划和目标牢牢地束缚着，你就很难体会到真正的自由。而一个没有自由，画地为牢的人，计划和目标直接指向的不是成就感，而是巨大的挫败和焦虑！可是，目标和计划没实现，就等于自己很差劲吗？所谓的计划、目标成了人生的桎梏，这样的你，还有持续努力的动力吗？

因此，放松下来，即便完不成计划和目标，天也没塌下来，你也一样可爱。

第二，找到目标感，而不是执着于目标。

目标感，跟方向感类似，它指的是一个人对即将成为什么、达到什么，有着清晰甚至是可视化的场景期待。比如，我要健身，目标是三个月内减掉十斤，然后我循序渐进地完成目标，这就是清晰的目标感。而不是我要健身减肥，减多少呢？多长时间内完成呢？不知道。管它呢，我先定一个很严格的计划再说：每天吃饭控制在多少卡路里，每天健身撸铁打卡多少次……结果你发现，神经每天都处于紧绷状态下的你，坚持不到一个月就坚持不下去了，因为你的心灵就像是一直上紧的发条、一辆极速奔驰的跑车。但是要跑向哪里、用多久跑到目的地，你心中完全没有规划。这种盲目的、执着的状态，只会让你更挫败。

我们不仅要出发，更要懂得为什么出发，还要懂得需要多长时间才能抵达，这样，我们才能真的抵达。

第三：聚焦你的目标。

焦虑的人，脑子里塞满了各种各样的东西，会同时想很多事，而且会为很多事情着急。所谓的"焦头烂额"正是这种状态。

在工作中，我们经常会遇到多任务处理的情况。这时候，我们要保证要事优先，也就是对所有要做的事情进行一个优先级的排序——在所有任务中，筛选出一个优先级最高的，先去全神贯注地完成这个任务，再去做下一个，一件一件地做。别想着一口吃个胖子，这样不仅欲速则不达，而且会导致焦虑。

请把你目前手上急着要处理的事，按照这四个维度分类：重要且紧急，不重要但紧急，重要但不紧急，不重要也不紧急，然后依照这个顺序去处理和完成你的所有目标和计划吧。

本章小结：

当我们面对更多的选择与未知时，感受到的并不是更多的自由，而是一种消极的无穷无尽感。眼前的选项太多，我们内心的贪婪和欲望会被放大，应接不暇的我们反而会陷入惶恐和不安。

学会识别"过度期待"和"有效期待"，是我们改善现在心态的直接方法。

第十章
做好情绪管理，是一个人最好的修养

我们常说"你有情绪了""这事儿让我很有情绪"，表面上，情绪是一种心理现象，其实它也跟生理有关。当我们身体状态好，感觉舒适、放松、不过饱也不饥饿的时候，就不容易产生负面情绪。

情绪是怎么发生的呢？它要经过两个步骤：第一步是观念升起，第二步才是情绪升起。

现代生理学、心理学告诉我们，任何情绪的发作都与身体内部的各种激素分泌有关，而其中有些激素对身体是有害的。

感到焦虑时，如何控制住情绪？

每当感到焦虑时，有哪些方法能让我们控制住自己的情绪呢？

我们先来看腹式呼吸法——

我曾经是个主持人，当年在中国传媒大学攻读播音主持专业的时候，我第一次接触到"腹式呼吸"这个概念，后来经过亲身实践，我才知道了原来腹式呼吸有这么多的好处。我们完全可以说，学会了腹式呼吸，就等于学会了一种养生方式。

大多数人在没有经过练习的情况下，都是胸式呼吸。大家不妨把手放在胸前试试看，如果呼吸的时候，你的胸部是上下起伏的，气息仿佛只吸到胸骨的位置就不再往下走了，这就是胸式呼吸。胸式呼吸气息浅、急和弱。我们仔细观察就会发现，很多病人或者身体虚弱的人，大多呼吸很浅、很急，一吸气、呼气，胸部就上下起伏。所以，我们可以根据一个人的呼吸来判断他的身体状况。

那腹式呼吸是什么样的呢？你在一两岁的小宝宝的肚子上搭一条小毛巾，然后仔细观察就会发现，宝宝在呼吸时，肚子是上下起伏、一鼓一鼓的。这就是"腹式呼吸"。

呼吸病学专家、中国工程院院士钟南山曾说："现在我们大部分成年人的呼吸方式都存在问题。现代人大多是胸式浅呼吸者，主要用肺的中部和上部呼吸。而健康的呼吸方式应该是像婴儿一样的腹式呼吸，通过横膈活动来增强肺的通气量。"

为什么我们要学习像婴儿那样腹式呼吸呢？我们先来了解一下腹式呼吸的原理。

腹式呼吸是让横膈膜上下移动。由于吸气时横膈膜会下降，把脏器挤到下方，所以肚子会膨胀，而非胸部膨胀。因此，吐气时横膈膜将会比平常上升更多，因而可以进行深度呼吸，吐出较多易停滞在肺底部的二氧化碳。

和胸式呼吸法相比，腹式呼吸法的呼气和吸气都比较深长，可以给肺部充足的氧气。由于腹式呼吸增加了横膈膜的移动范围，因此会比胸式呼吸法吸进更多的空气，肺脏充满气体的部分较多，呼吸的频率较慢，因此适合唱歌、朗诵、瑜伽、太极等需要空气缓慢进出的活动，是较理想的呼吸方法。

1979 年国际胸腔科期刊中有一篇比较胸式呼吸与腹式呼吸的论文指出，胸式呼吸在非剧烈运动状态时，会比腹式呼吸来得费力，并增加心脏的工作量；1994 年的身心学期刊中，也有研究指出，腹式呼吸在心血管系统、淋巴系统、自律神经系统、内分泌系统等人体功能上，都能比胸式呼吸带来更正面的帮助。

幸福的体质

当你感到焦虑难耐的时候，不要着急，平躺下来，或者是静静地坐下来，做一做腹式呼吸，对缓解焦虑情绪有很大的帮助。因为，缓慢地吸气、吐气能帮助我们放松肌肉、消除疲劳。紧张的时候，我们往往会通过深呼吸来缓解焦虑情绪，就是这个原理。

如果你因为压力过大，肌肉无法放松，导致失眠。那我建议你在睡前做几分钟的腹式呼吸，这对提升睡眠质量很有帮助。

所以，来，跟着我的节奏，大家一起来做一做腹式呼吸法吧：把你的手指放在腰带的中间位置，然后深深地吸气，直到把气吸到了腹部，然后再缓缓地吐气。你感觉到了吗？你在吸气的时候，肚子是涨起来的，腰带变得很紧，肚子就像一个大气球般被吹得鼓胀起来。而当你呼气时，"大气球"开始松弛下来，你的腰带开始变松，感觉体内的浑浊之气顿时被排得一干二净，整个人神清气爽！

如果你无法做到这样去呼吸，怎么呼吸，气体都停留在胸部，那就说明你需要好好锻炼一下自己的呼吸方式了。

练习的方法很简单，从今晚开始，每天临睡前，把手放在小肚子的位置，或者是在肚子上放一本书。你在呼吸的同时，静静地感受书本的上下起伏。刚开始你可能做不到，不过别着急，每天晚上坚持练习 30 次，总有一天，你能掌握腹式呼吸的诀窍。当你掌握了腹式呼吸的方法，你就学到了一种面对焦虑情绪时，可以拿来就用的缓解方法了。

对待情绪，放松、臣服、接纳，才能随遇而安

当我们焦虑的时候，我们通常会很想做点什么，比如，担心老公这么晚了怎么还不回来，我们就想给他不停打电话，打到他接为止；最近工作压力好大，回家一看屋子又被孩子搞得乱七八糟的，忍不住就想对孩子大发雷霆……结果这些做法非但没有缓解你的焦虑，反而让局面变得更加糟糕，而你，也更加焦虑了！

其实这时候，面对焦虑情绪，最好的方式不是转移焦虑，而是静观焦虑，让自己跟焦虑安安静静地待一会儿，也是跟你自己待一会儿，然后接纳它、跟它对话，与它和谐相处。

什么是情绪静观法呢？静观不是要你专门找时间在那儿静观，也不是让你在心闲无事的时候静观，当然也不需要你保持某种特定的姿态（比如静坐），而是要你在情绪升起的时候静观，在起心动念的时候静观。

我们先来看静观的准备工作——

第一步：承认情绪的存在。

对于情绪，我们常常是拒绝承认的。其实，对待情绪，我们越讨厌它、厌恶它、排斥它、压制它，越不想承认它的存在、跟它对抗，它反而越执着、越强烈、越严重。所以，拒绝承认、排斥情绪不是正确的做法，承认它的存在，然后静观它。就像相声里经常说的："一登台很紧张怎么办呢？跟大家直接说，'大家好，我叫不紧张'。"这其实就是教给我们，让情绪消失的最好方法，是承认它的存在，接纳它，和它和谐相处。

比如，我为什么会焦虑呢？因为老公不回电话也不回信息，我担心他出了什么事，担心他是不是跟其他女人在一起。是的，我不信任他，所以他不回信息不接电话让我感到非常焦虑！可是你焦虑能解决问题吗？不能！相反，你的"夺命连环 call"可能还会把你的老公推得更远。这时候该怎么办呢？对刚刚升起的情绪不排斥、不拒绝，承认它的存在，然后去静静地感受它、体验它或觉知它，让它像一股能量一样，自然地流经身体的每个角落，如此，它才会逐渐地消失。

记住，对待情绪，我们只有做到放松，臣服，接纳，才能随遇而安；流经，体验，释放，方可收回力量！

第二步，学会将情绪与自己分开。

你有情绪了，这跟你这个人好不好、成功还是失败、价值感高还是低都没有关系。而且，有情绪也不是一件丢人的事情，你更不用因为自己现在处于焦虑的情绪中而向任何人道歉，不用的。只有当你因为焦虑而做了某件破坏性的事情，你才需要感到内疚。只有当你能够将情绪和自己分开，你才能够真正坦然地面对它。

以上这两点，是学会静观情绪的前提条件，也是静观情绪前需要做的准备工作。

当然，静观情绪并没有这么简单。我们还可以做以下几件事：

首先要调整自己的心情，让它平静下来，然后仔细去体察身体内感觉不舒服、紧张或僵硬的地方。这个部位可以是身体的任何一个地方，从头顶到脚趾都有可能，最经常发生的部位是五脏六腑，尤其是心脏。

当你感受到哪个部位不舒服、紧张、难过的时候，就让意念停留在那个地方，一般 5 秒钟左右就可以了，仔细体察那种不舒服感、紧张感、难过感，直到那些感觉消失，自我感觉舒服为止，此时你的情绪也就自行离开了，身心归于宁静。

如果我们体察身体、心脏 5 秒钟后，还不能使身心归于宁静，我们就再去仔细体察大脑里面的感觉，我们同样会感受到那里也是僵硬的、紧张的、不舒服的，这时候，我们继续去体察大脑里的这种感觉，一般 5 秒钟之后，整个大脑会放空，内心也已然安宁，再无涟漪，很是舒服。

在这个过程中，你甚至可以做这些动作：比如，用手指去按压太阳穴，或者是将双手抱于胸前，或者是躺在床上把身体紧紧地蜷缩起来，放松，然后再紧紧蜷缩起来，再放松。当你蜷缩起来的时候，感觉有点像是回到了母亲的子宫里。所以，这样紧紧蜷缩的姿势，是让我们最有安全感的姿势。

当然，在静观情绪的过程中，我们还可以配合芳香疗愈来进行，比如香薰精油，或者是用音乐冥想的方式来让整个身体进入到只有自己和自己的情绪待在一起的状态。

所以，当你感到焦虑的时候，不要急、不要慌，生活中有太多的方法可以帮到我们。比如说，做一做腹式呼吸，或者用静观情绪的方法来舒缓焦虑，而不要抓起手机就把焦虑发泄给别人，或者是在关系中把焦虑投射出去，伤人伤己。

无论是腹式呼吸法，还是静观情绪法，都简单好操作，而且它们不仅能帮助你我缓解焦虑情绪，还是修身养性的佳法！

当你发现自己在焦虑面前依然处于较高的能量等级时，你的淡定和宽容会让你拥有更高的自我认可和自我价值感。这时候，别人的负能量就成了考验自我、提升自我掌控力的大好机会了。

我们常常把"正能量"和"负能量"挂在嘴边，很显然，焦虑就是一种负能量。可即便是负能量，它也是一种能量。那么负能量是否就对我们没有任何的用处呢？假如正能量是阳光雨露，那么负能量能不能变成我们生命中的煤炭和焰火呢？负能量是不是也可以被我们很好地加以利用呢？

每个人都有自己的能量级，你在哪一级？

爱因斯坦的质能方程式说明：物质就是能量。科学家由此测量出人在不同的体格和精神状态下身体的振动频率。而正能量和负能量本身是一种情绪震动的频率。

正能量与负能量原本都是物理学名词，但是人们在心理上给其赋予了感情色彩。"正能量"的流行源于英国心理学家理查德·怀斯曼的专著《正能量》，他在书中将人体比作一个能量场，通过激发内在潜能，可以使人表现出一个新的自我，从而更加自信、更加充满活力。所以，"正能量"指的是一种健康乐观、积极向上的动力和情感。它是人类正面情绪的集合，就像阳光一样，可以让我们保持积极的心态。很显然，负能量就是人类负面情绪的集合——包括坏的、恶意的、具有一定破坏力的等等，它会让人陷入消极的无尽黑暗中。

既然是能量，就必然有能量级。美国著名的精神科医师、哲学博士大卫·霍金斯运用人体运动学的基本原理，经过长达二十年的临床实验，测试范围横跨美国、加拿大、墨西哥等国家以及南美、北欧等地，对象包括来自不同种族、不同文化背景、不同行业、不同年龄的各个层面的人群，累积了几千人次和几百万笔数据资料，经过精密的统计分析之后，将人的能量划分为 17 个层级（以下知识点来自对他理论的引用）：

按照从 1 到 1000 能量值来划分的话，倒数第一个层级，也是能量最低的层级是：羞愧（20）。

羞愧的能量级几近死亡，当一个人产生巨大的羞愧感时，他会恨不得找个地缝钻进去，或者希望自己能够隐身，不被人看见。这是一种严重摧残身心健康的情绪，严重的话还会致病。它犹如意识上的自杀行为，巧妙地夺去人的生命。所以，对人最大的摧残，就是羞辱他，让他羞愧难当，这几乎等于要了他的命。

倒数第二层级是：内疚（30）。

内疚感以多种方式呈现，比如懊悔、自责、受虐狂，以及所有的受害者情结，也经常表现为频繁的愤怒和疲乏。无意识的内疚感会影响我们的身心，甚至会导致意外事故和自杀行为。所以，那些在关系中制造内疚感的人，是真正残忍的人，比如，经常给孩子制造内疚感的父母——"你不听话，就是对不起含辛茹苦把你拉扯这么大的父母"；再比如，给伴侣制造内疚感的妻子或丈夫——"你看，我现在的不幸都是你害的"……别再这样对待你的孩子、你的伴侣、你亲近的人了，太残忍了！你这是在缓慢地迫害他，在慢慢地"杀死"你们的关系。抑郁症患者病情严重时之所以会自杀，就是因为长期的内疚、自责等自我攻击的倾向，逐渐杀死了他的生命力。

倒数第三层级是：冷淡（50）。

这个能量级表现为心寒、失望和无助感。对他们来说，世界与未来看起来都没有任何希望，凄凉又暗淡。冷漠意味着无助，让人成为生活中各方面的受害者。其实，他们缺乏的不只是资源，还有运气。除非有外在的帮护者提携，否则很可能会潦倒致死。

所以，为什么我一再地建议大家不要跟你的伴侣长期冷战呢？为什么我又常常鼓励大家一定要活得热烈，对生活充满热情呢？因为冷淡的后果真的非常可怕。

再往后的能量级分别是：悲伤（75）。

在这个能量级的人，过的是八辈子都懊丧、消沉的生活。他们的生活中充满了对过去的懊悔、自责和悲恸。对悲伤的人来说，整个世界都是灰黑色的，毫无生命力可言。

恐惧（100）。

从这个能量级来看世界，到处充满了危险、陷害和威胁。一旦人们开始过于关注恐惧，就真的会有数不尽的让人不安的事来临。而后会形成强迫性的恐惧，这会妨碍个性的成长，让我们陷在黑暗中动弹不得，失去了探索未知世界的勇气，最后导致压抑。焦虑就属于这个能量级。

欲望（125）。

欲望让我们耗费大量的精力去达成我们期望的目标，而且拼命求得回报，这也是一个易上瘾的能级。过度的欲望意味着贪婪。良好的愿望可以帮助我们走上不断成长、获得成就的道路，但是欲望过度却只能让我们走向自我毁灭。

愤怒（150）。

欲望带来的挫折感，会引发愤怒的情绪。愤怒来自未能满足的欲望，而挫败感则源于放大了欲望的重要性。所以，愤怒常常表现为怨恨和复仇心理，而且容易导致憎恨，这会逐渐侵蚀一个人的心灵。

骄傲（175）。

骄傲兼具防御性和易受攻击性，因为它是建立在外界条件下的感受。一旦条件不具备，就很容易跌入更低的能量级。骄傲的演化趋势是傲慢和否认，而这些都是抵制成长的。

以上这些都可以被称为负能量。紧接着，情绪的能量值越来越高，就开始出现正能量的"种子"了：

勇气（200）。

勇气是拓展自我、获得成就、坚忍不拔、果断决策的根基。在之前很低的能量级里，世界看起来是无助的、失望的、挫折的、恐怖的，但是到达勇气的能量级，生活看起来就是激动人心、充满挑战、新鲜有趣的。在这个能动性的能量级，人们有能力去把握生活中的机会。只有到了这个能量级，一个人才开始有了改变的勇气，这时候再谈个人成长，再谈教育才是有意义的、可行的。而对处于羞愧、内疚、冷淡、悲伤、恐惧、欲望满满、愤怒又自傲等低能量级的人来说，教育其实起不到大作用……如果不想办法提升他的能量级，不尽快鼓励、引导他去积攒改变的勇气，那么，教育对这样的人来说基本等于对牛弹琴。

我相信，每一个阅读到这里的读者，一定早已经达到了 200 能量级，拥有和具备了自我改变的勇气，所以，恭喜你！

勇气之后的能量级，就让人愉快多了。我们来继续学习：

接下来是：淡定（250）。

这是一个有安全感的能量级。到达这个能量级，意味着对结果的超然，他不再害怕挫败和恐惧，让人感到温馨可靠，而且其他人很容易与之相处。因为他们无意于争端、竞争和犯罪。这样的人总是镇定从容，不会强迫别人去做什么。

然后是主动（310）。

在主动层级的人，通常会出色地完成任务，并极力获得成功。处于这个能量级的人，其成长是迅速的。低于 200 能量级的人，他们的思想是封闭的，但是能量级为 310 的人，他们的思想是全然敞开的，他们真诚而友善，也易于取得社交和经济上的成功。他们总是乐于助人，对社会的进步来说通常都是贡献者。鉴于他们具有从逆境中崛起并学到经验的能力，他们都能够自我调整。由于已经释放了骄傲，他们能够看到自己的不足，并学习别人的优点。

比主动能量级更高的是宽容（350）。

在这个能量级，一个巨大的转变会发生，那就是了解到自己才是自己命运的主宰，自己才是自己生活的创造者。低于 200 能量级的人则是没有力量的，他们通常视自己为受害者，完全受生活左右。因为他们认为，一个人的幸福和苦难来自某个"外在"的东西。

在宽容的能量级，没有什么"外在"的东西能让一个人真正地快乐，爱也不是谁能够夺走的，因为这些都来自内在。宽容意味着让生活如它本来的样子，并不刻意去塑造成一个特定的模式。在这个能量级的人不会对判断对错感兴趣，相反，他们更乐于解决困难，因为他们更在意长期目标。因此，当一个人的能量级达到了 350，那么自律才有可能发生。

再往后的能量级，则发生在更有成就或者是人生幸福感更高的人身上，依次是：

明智（400）

爱（500）

喜悦（540）

平和（600）

开悟（700～1000）

在这里，我要特别对爱这个能量级做个说明：这里的"爱"不是单指爱情，而是指无条件的爱、不变更的爱、永久性的爱。这种爱不会动摇，它不是知性的爱，不是来自头脑的爱，而是发自心灵的爱，而且总是聚焦在生活美好的那一面，是一个真正幸福的能量级。真正具有幸福感的人，都处在 500 能量级以上。

学习了能量级以后，我们就能充分理解，为什么要鼓励人们有自信，因为能量级 200 以上，才是一个人生活过得有意义、顺心顺意的开端。

心理学的功效，其实就是帮助每个人挖掘自我潜能，让自己的能量级提升到 200 以上，这时候着手去解决现实中的烦恼和困境，才是可能的。

别让自己成为别人转嫁焦虑的"替罪羊"

其实，心理学是一门给人赋能的学科。什么是赋能？拿焦虑这种负能量来说，赋能就是——我们能做些什么让焦虑转化成正能量呢？首先，不被别人的焦虑所传染。有一个很著名的关于高僧的寓言故事：高僧 A 在一棵树下，一直谩骂高僧 B，高僧 B 却一直不为所动。高僧 A 感到很惊讶，也很好奇，于是问高僧 B："你怎么不生气呢？"高僧 B 反问道："有人给你带了礼物，然后你没收，这份礼物是谁的？"高僧 A 说："当然还是送礼的人自己的。"然后高僧 B 笑笑，很平和地说："那你今天送给我的礼物，你自己带走吧。"

这则寓言就是非常典型的，如何不被别人的负能量所影响的例子。

无论是一些公众号整天写"你的同龄人已经把你甩在了身后"，还是身边人整天都在催你"怎么还不结婚，好男人都被抢光了"，我们的身边总有很多人长期生活在焦虑情绪里，最关键的是，他们还会把自身的焦虑转嫁给你。这时候，如果你的心里清清楚楚明明白白，这份焦虑是别人的，不是你的，你就不会被他们的负能量干扰到，做到不跟风，不凑热闹，不关心。

当你发现自己在焦虑面前依然处于较高的能量等级时，你的淡定和宽容会让你拥有更高的自我认可和自我价值感。这时候，别人的负能量就成了考验自我、提升自我掌控力的大好机会了。

将焦虑这个负能量向正能量转化的第二个方法是：聚焦需求，也就是寻找焦虑背后自己真正的需求到底是什么，然后去满足那个需求，而不是急于对焦虑下手。假如你的焦虑源于担心老公会出轨，你盯着焦虑不放，那么下意识的反应就是整天查手机、查岗，关注他朋友圈又给哪个女人点了赞。

在我看来，其实不存在不好的情绪，只有不被尊重的情绪。世间也没有可怕的情绪，只有缺乏了解的情绪。

活得精彩的女人，都懂得取悦自己

生活中，作为女性，我们常常会有这样的经验，当我们被同事气得够呛回到家里跟男人倾诉时，往往被他说得更火上浇油。因为，男人们的应对方式是，要么像个教导主任一般，告诉我们，这其中我们做得不对的地方，急于让我们反思自己；要么像个教练一般，急于告诉我们，这种情况接下来应该怎么办。

所以，著名情感作家张小娴才感慨说：为什么男人总喜欢挑战女人的极限？比方说：她的耐心、她的忍耐力、她的脾气、她的包容、她的泪点。当他成功挑战她的极限，把她弄哭，或是看到她终于发飙，他竟说："天呀！女人是一种多么可怕又情绪化的动物！而且还非常不可理喻呢！"他居然忘了这一切明明就是他首先挑起的。

在大多数男人的眼里，女人都穿着一件同样的外衣，它的名字叫情绪化。而面对情绪化的女人，大多数男人的应对方式是指责、质问、逃避。

可是，女人跟男人倾诉的时候，要的可不是这些，我们要的是男人能看到、体会到，进而抚慰我们的情绪！情绪情绪情绪，我们不是真的要现在就解决问题，拜托，谁要听你支招啊，我们又不傻。

所以男人越热心当教练和教导委员，我们女人就越生气。因为处在情绪旋涡中的女性，她的心理状态就像被石头绊倒摔了一跤的小孩子一样。

小孩子摔倒的时候，如果你直接训斥他："怎么这么不小心呀?! 地上有个石头你都没看见，怎么搞的你？"他会哭得更伤心，对不对？

我们女人在情绪中的时候，最讨厌的就是面对"你到底怎么了"的质问，因为质问不是关怀、不是包容，更没有温暖可言，而是赤裸裸的指责。我们最希望的是，男人能这么说："那人就是一个浑蛋，谁再敢欺负你，我去揍他！"

先处理感情，再处理事情；

先对付情绪，再想到解决。

这是我们女性共同的情绪应对机制，但这也是导致很多女性事业不能取得更大的成就，感情上又屡屡受挫的根本原因。女人实在是太情绪化了！

女人容易情绪化，还真不是故意的

那情绪管理这件事，对女性来说，是不是真的很难呢？女人为什么会容易情绪化呢？找到了为什么，就比较容易找到该怎么办了。

对于女人的情绪化，现在比较热门的说法是从女性的大脑构造开始的。

一种说法是，这都是杏仁核导致的。杏仁核是个"捣蛋鬼"。人脑中主管情绪和情绪记忆的杏仁核，在女性的脑中活跃时，带动着一起活跃的，是处理压力反应、影响感情的视丘下部和下皮层部位，这就使得女性更容易陷入情绪状态中。

另一种说法是，跟大脑的灰质和白质有关。人类的大脑最外层包了一层灰质，它的作用是感知外界的刺激信息，并对它们做进一步的深加工。大脑内部就是白质了，是由神经纤维聚集而成，主要是用来传递指令的。男性的白质要比女性的高，因为白质是传递指令的，所以男性在空间认知上有更大的优势。这就是为什么生活中女人多是路痴，而男性的方位感普遍要比女性强的原因了。女性的灰质则要高于男性，所以女性更擅长言语加工，对情绪性信息比较敏感。

还有一种说法是，女人容易情绪化是由她的荷尔蒙决定的。女性从青春期到更年期，任何一个时期的荷尔蒙波动水平都要显著大于男性，这也导致了女性的情绪波动要比男性大。女性的月经每月造访一次，每次都要造访好几天，每次生理周期期间荷尔蒙的变化都会引发情绪的不稳。更不要说还有经前症候群、产后抑郁症等等。

而男性就无此烦恼了。

不过，我认为，这类从生物学的角度来解释男女性情差异的说法，我们听听就好。其实，这些理论非但不能帮助我们女性成长，反而会让我们为自己的方向感差、情绪化、刀子嘴、过分多愁善感找借口。

难道当老板训斥我们太情绪化、当男朋友对我们的情绪化感到束手无策甚至想逃跑的时候，我们可以这样回复人家？——"对不起，我不是故意要情绪化的，只是我的杏仁核、我的大脑灰质和白质、我的荷尔蒙跟你不一样，所以你得让着我。"

生物学的解释并不能帮我们从根本上找到解决问题的方法。而心理学领域关于情绪化的解释，听上去就客观多了。

在心理学看来，女性相比男性，确实会更容易情绪化，我们也可以把女性称作"情绪易感人群"，这和我们的成人依恋类型有关。

根据弗洛伊德的理论，我们可以知道，从成年人的行为中都能找到他童年经历的痕迹，也就是说，你现在成年后的每一个行为模式和思维方式，都跟你的童年密不可分。为此，心理学家总结出了三种依恋类型：

最为理想的是安全型依恋：你在亲密关系中很自然地表现出热情和忠实，并能安心地依赖于别人，或者让别人依赖你。你从不担心被别人抛弃，而且非常独立。

回避型依恋：与别人亲密时，会令你感到有些不舒服，你会紧张，甚至会感到不自在。而且，你发现自己很难完全相信和依靠他们。保持独立性和距离感，对你来说很重要。

焦虑—矛盾型（混合型）：当发现别人不乐意像自己希望的那样与你亲密时，你就会感到非常焦虑。可是跟别人在一起时，你又经常担心自己并不被人喜欢和接受，担心伴侣并不是真的爱自己，并非出自真心地想跟自己在一起。与此同时，你内心又非常渴望与人亲密，这种渴望强烈到有时会吓跑对方。因为与人亲密的强烈渴望，大多数时候都是通过攻击性和情绪化表现出来的。

大多数容易焦虑、容易情绪化的女性，都属于焦虑矛盾型，而这跟我们父母早年的养育方式有关。比如，我们的母亲本身就是容易焦虑的；或者是原生家庭重男轻女，不大重视女婴的情感需求；又或者是父母的养育经验不足造成的。

由此可见，女性容易情绪化还真不是他们故意为之。所以，男同胞们，你们对女性的这种行为是不是多了一层理解和领悟呢？下次碰到女人情绪化的时候，你们知道怎么做了吗？不用多说什么，也不用多做什么，给她们一个温暖的拥抱足矣！

长期过分地压抑自己，怎能不情绪化呢？

女性情绪化其实还跟社会教育和社会文化有关。为什么这么说呢？

首先，女性是一个很容易被失败感控制的性别，她们总是被教育青春太短，美貌易逝，而社会只会认可和稀罕年轻女人。"女人，你再不疯狂就要老了""张爱玲都说了，出名要趁早""天下男人都一样，只喜欢年轻女人"……各种标题党刷屏似的广泛传递着焦虑。于是女人们被灌输了太多对失败的恐惧感，她们从来无法真正踏实地享受美好的青春，内心深处总有一种莫名的恐慌，总觉得趁着青春还在不抓住点什么，人生就来不及了，于是，她们大量的精力和时间用来抓住男人，大把的金钱用来抓住青春，怕老也怕输。这种青春和命运都不由自己掌控的无力感，会加重女性的情绪化。

其次，整个社会对女性的行为规范和价值期待跟男性有着很大的差异。

大多数女孩在成长过程中，最常听到的批评就是"没有女孩样"。所谓的"女孩样"大概就是举止得体、乖巧安静，表现出来的个性就是顺从、压抑、不抢、不争！情绪化是被明令禁止的。仿佛只有这样才能被称为好女人。久而久之，女孩子们会在潜意识中按照社会期望的行为规范来行动。

长期过分地压抑自己，直接影响的就是情绪的处理能力。人的情绪就像一个气球，吹进去的负面情绪，你不去处理它，它就会以别的形式暴发。因此，女性的情绪一上来，又找不到发泄的出口，也不能像男人那样用巴掌和拳头去释放，于是，她们要么表现为言语上的刻薄和咄咄逼人，要么就是被动攻击——生气了就不说话，或者是生气也不说出来，而是用被动的、不积极的、慢吞吞不配合的、抵触的行为来表现。

管理好情绪，才能遇见更好的自己

女人容易情绪化，跟生理、心理以及社会文化环境的影响都有关。生理方面的原因，我们无法改变，只能作为女性情绪化的合理解释，由它去；心理方面的原因，我们无法回到过去，也无法让人生重来，但是我们可以通过学习心理学，跟原生家庭和解，学会自己做自己的"完美父母"，完完全全地接纳自己，学会爱自己来改变；社会文化方面的原因，则需要我们有意识地去主动调整和改变。

怎么调整和改变呢？我分享给大家三个自救心法，希望对你有用。

方法一：学会给情绪画像。

当你有负面情绪的时候，试着把它很具体地描述出来，可以描述给自己听。例如，焦虑像一只炸着毛的小刺猬，毛还是红色的，啊，它又来了，讨厌，快走开；或者是把你心中关于负面情绪的感受，请注意，是感受，直接跟你的伴侣或者是最亲近信赖、最让你有安全感的人表达出来——我最近心情有点差，心里总是莫名其妙地感到慌乱和恐惧，总担心有什么不好的事情要发生。请注意，只有坦诚地表达内心的真实感受，才叫作真正的心灵沟通。

方法二：学会围绕目的上演"情绪戏码"。

女人都爱给自己"加戏"，但是，加什么戏将直接决定事情的走向。所以，女人在发脾气、耍性子之前，要先想想你这一出戏的目的到底是什么。例如，你看到老公手机上有其他女人的暧昧信息，好像那个女人对老公格外地体贴关切。如果你的目的是把老公的心拉回来，那么，你需要做的就是围绕这个目的开动脑筋——是不是你最近忙于工作或是照顾孩子，对老公的关切体贴少了？或者干脆两人出去度个小假，重温一下二人世界的甜蜜浪漫？你要做的是，赶快筑起一道"藩篱"，别再让老公的心逃出去了。而不是对着老公大吼大叫，歇斯底里地质问他："是不是外面有了别的女人？"或者跑去跟公婆哭诉。

这样情绪化的你，男人们一刻也不想待在你的身边，只想躲你躲得远远的。这样的行为岂不是把男人往外推？

当一个女性学会了围绕目的去上演"情绪戏码"的时候，她才是真正成熟了，处理亲密关系时才是智慧的。

方法三：多去收集和发掘积极情绪体验。

前面我也讲到过，人的情绪是有记忆的。心理学研究发现，女人的情绪记忆能力格外强，因此对那些不愉快的记忆印象非常深刻。这也是为什么女人在吵架的时候格外爱掀扯陈芝麻烂谷子，动不动就上升到人格、人品素质的高度去诋毁对方。被情绪完全支配的女人，哪还有心情去就事论事？

人人都有情绪，管理好自己的情绪，才能遇见更好的自己。怎么管理呢？学会和自己的情绪对话，学会和情绪握手言和，培养自己淡定而从容的内心，如此，我们才能收获一份圆满丰盈的人生。

本章总结：

当你感受到哪个部位不舒服、紧张、难过的时候，就让意念停留在那个地方，一般5秒钟左右就可以了，仔细体察那种不舒服感、紧张感、难过感，直到那些感觉消失，自我感觉舒服为止，此时你的情绪也就自行离开了，身心归于平静。